ATRIBUIÇÕES DOS CARGOS DA CARREIRA DA AUDITORIA DA RECEITA FEDERAL NO EXERCÍCIO DAS ATIVIDADES ESSENCIAIS DA ADMINISTRAÇÃO TRIBUTÁRIA

MARIA TEREZA FONSECA DIAS

ATRIBUIÇÕES DOS CARGOS DA CARREIRA DA AUDITORIA DA RECEITA FEDERAL NO EXERCÍCIO DAS ATIVIDADES ESSENCIAIS DA ADMINISTRAÇÃO TRIBUTÁRIA

Belo Horizonte

2013

© 2013 Editora Fórum Ltda.

É proibida a reprodução total ou parcial desta obra, por qualquer meio eletrônico, inclusive por processos xerográficos, sem autorização expressa do Editor.

Conselho Editorial

Adilson Abreu Dallari	Flávio Henrique Unes Pereira
Alécia Paolucci Nogueira Bicalho	Floriano de Azevedo Marques Neto
Alexandre Coutinho Pagliarini	Gustavo Justino de Oliveira
André Ramos Tavares	Inês Virgínia Prado Soares
Carlos Ayres Britto	Jorge Ulisses Jacoby Fernandes
Carlos Mário da Silva Velloso	Juarez Freitas
Cármen Lúcia Antunes Rocha	Luciano Ferraz
Cesar Augusto Guimarães Pereira	Lúcio Delfino
Clovis Beznos	Marcia Carla Pereira Ribeiro
Cristiana Fortini	Márcio Cammarosano
Dinorá Adelaide Musetti Grotti	Maria Sylvia Zanella Di Pietro
Diogo de Figueiredo Moreira Neto	Ney José de Freitas
Egon Bockmann Moreira	Oswaldo Othon de Pontes Saraiva Filho
Emerson Gabardo	Paulo Modesto
Fabrício Motta	Romeu Felipe Bacellar Filho
Fernando Rossi	Sérgio Guerra

Luís Cláudio Rodrigues Ferreira
Presidente e Editor

Revisão: Marcelo Belico
Bibliotecária: Tatiana Augusta Duarte – CRB 2842 – 6ª Região
Capa, projeto gráfico e diagramação: Walter Santos

Av. Afonso Pena, 2770 – 16º andar – Funcionários – CEP 30130-007
Belo Horizonte – Minas Gerais – Tel.: (31) 2121.4900 / 2121.4949
www.editoraforum.com.br – editoraforum@editoraforum.com.br

D541a   Dias, Maria Tereza Fonseca
             Atribuições dos cargos da carreira da Auditoria da Receita Federal no exercício das atividades essenciais da Administração Tributária / Maria Tereza Fonseca Dias. – Belo Horizonte : Fórum, 2013.

             97 p.

             ISBN 978-85-7700-786-8

             1. Direito administrativo. 2. Gestão pública. 3. Direito constitucional. I. Dias, Maria Tereza Fonseca. II. Título.

                                                         CDD: 341.3
                                                         CDU: 342.9

Informação bibliográfica deste livro, conforme a NBR 6023:2002 da Associação Brasileira de Normas Técnicas (ABNT):

DIAS, Maria Tereza Fonseca. *Atribuições dos cargos da carreira da Auditoria da Receita Federal no exercício das atividades essenciais da Administração Tributária*. Belo Horizonte: Fórum, 2013. 97 p. ISBN 978-85-7700-786-8.

Agradeço aos servidores da Receita Federal do Brasil, ocupantes do cargo de Analista Tributário, e aos integrantes do Conselho Estadual de Delegacias Sindicais de Minas Gerais (CEDS-MG) a oportunidade que têm me proporcionado de promover estudos, reflexões, bem como participar de profícuos debates acerca do aperfeiçoamento do regime jurídico da carreira da Administração Tributária Federal.

A caminho de reformas bem-sucedidas e sustentáveis
As possibilidades de realização de reformas sustentáveis seriam reforçadas pela consolidação de um método estável e maduro de envolvimento com os sindicatos. Como o processo de negociação para as condições de trabalho está sendo desenvolvido pelo Governo Federal, há uma oportunidade de construir um diálogo construtivo com os sindicatos sobre o futuro do serviço público.[1]

---

[1] ORGANIZAÇÃO DE COOPERAÇÃO E DESENVOLVIMENTO ECONÔMICOS. Avaliação da gestão de recursos humanos no governo. Relatório da OCDE: Brasil 2010 - Governo Federal. Disponível em: <http://www.sourceoecd.org/employment/9789264086098>. Acesso em: out. 2011. p. 15.

SUMÁRIO

APRESENTAÇÃO
João Jacques Silveira Pena, Artur Luiz Sampaio,
Thiago de Azevedo Camargo 11

1. RELATÓRIO 15

2. PARECER 17
2.1 A Administração Tributária como atividade essencial da Administração Pública 17
2.1.1 Atividades meio e atividades fim da Administração Tributária e a vedação da terceirização destas atividades a pessoas jurídicas de direito privado 22
2.2 Carreiras específicas da Administração Tributária 28
2.2.1 Natureza jurídica da carreira de Auditoria da Receita Federal 31
2.2.2 Atribuições dos cargos da Carreira de Auditoria da Receita Federal e o princípio da legalidade administrativa 37
2.3 Desvio de função 46
2.3.1 Desvios de função reconhecidos pelo Poder Judiciário Federal 46
2.3.2 Desvios de função não reconhecidos pelo Poder Judiciário Federal .. 48

3. CONCLUSÃO 57

ANEXOS

ANEXO A – COMPETÊNCIAS DO MINISTÉRIO DA FAZENDA 61

ANEXO B – DECRETO Nº 7.482, DE 16 DE MAIO DE 2011
(ANEXO 1) 65

ANEXO C – QUADRO COMPARATIVO DAS COMPETÊNCIAS
DA RECEITA FEDERAL DO BRASIL 73

ANEXO D – LEI Nº 10.593, DE 06 DE DEZEMBRO DE 2002 77

ANEXO E – DECRETO Nº 6.641, DE 10 DE NOVEMBRO DE 2008 ... 79

ANEXO F – QUADRO COMPARATIVO – LEGISLAÇÃO E
REGULAMENTO QUE DEFINEM AS ATRIBUIÇÕES DOS
CARGOS DE AUDITOR FISCAL E ANALISTA TRIBUTÁRIO
DA RECEITA FEDERAL DO BRASIL 83

ANEXO G – LEGISLAÇÃO COMPLETA APLICÁVEL 87

APRESENTAÇÃO

Durante o ano de 2011, o Conselho Estadual das Delegacias Sindicais do Sindireceita em Minas Gerais (CEDS-MG) promoveu uma série de reuniões e encontros entre seus membros, delegados e convidados externos para discutir, entre outras questões, a Lei Orgânica da carreira de Auditoria e a busca da excelência organizacional na Receita Federal do Brasil, que culminaram nos debates promovidos no seminário *O fisco que temos e o fisco que queremos: justiça fiscal, controle social e excelência organizacional*, realizado no final daquele ano. As reflexões e propostas apresentadas pelas delegacias do Sindicato dos Analistas Tributários da Receita Federal (Sindireceita) de Minas Gerais e de outros Estados participantes visam, sobremaneira, o aperfeiçoamento da carreira de Auditoria da Receita Federal do Brasil (RFB).

O parecer emitido ao CEDS-MG, ora publicado, da lavra da Professora Maria Tereza Fonseca Dias, é um dos frutos dos debates promovidos e nele foram apresentados alguns dos principais problemas referentes ao regime jurídico da carreira da Administração Tributária Federal, a saber: a integração da carreira da Auditoria da Receita Federal nas atividades essenciais do Estado, as atribuições dos cargos da carreira e o desvio de função na Administração Tributária Federal, bem como o sistemático desrespeito ao princípio da reserva legal. O trabalho culmina apresentando algumas possíveis soluções aos problemas apontados e que, em verdade, traduzem apontamentos a novos estudos e pautas a serem encaminhadas pelo movimento sindical.

O texto, ao dar tratamento científico a questões polêmicas da carreira de Auditoria da Receita Federal do Brasil, traz indicações concretas de problemas que precisam ser equacionados na gestão de pessoas da Administração Tributária Federal, por meio da edição da sua Lei Orgânica e do respeito à legalidade. Nesse sentido e em virtude da reserva legal, foi apontada a ilegalidade de atribuir, por meio de portarias e/ou outros instrumentos infralegais, atribuições para o cargo de Auditor.

O parecer apontou a imperiosa necessidade de edição de lei (em sentido formal e material) contendo as atividades essenciais da Administração Tributária para que as mesmas possam ser acometidas a qualquer dos cargos da carreira de Auditoria da Receita Federal. Isto porque, quando observada a estrutura orgânica da RFB (Decreto nº 7.482/2001), há dificuldades de transpor as competências do órgão para as da carreira de Auditoria Tributária e de auxiliares da Administração Tributária e definir as atividades que podem ou não ser terceirizadas.

O estudo apontou claramente que, em que pese manter a estrutura de carreira com "cargos distintos", a análise da legislação e regulamentos editados pela RFB demonstrou que as normas regulamentares — extrapolando o princípio da reserva legal — atuam com a noção de "cargo amplo", com atribuições gerais e sem especificações precisas. Tal estruturação normativa tem gerado problemas que há anos foram identificados e têm sido sistematicamente denunciados pelo movimento sindical, tais como desvio de função, dificuldades de planejamento da distribuição dos cargos, realização de concursos, planejamento financeiro e orçamentário quanto às despesas de pessoal, conforme critérios do art. 37, §1º, CR/1988.

E, para agravar a situação histórica da precarização das condições de trabalho dos servidores das carreiras da Administração Tributária, somam-se os mecanismos informatizados de distribuição das atribuições entre os cargos da carreira, feitos ao arrepio do princípio da reserva legal e do interesse público.

Nesse sentido, foi apontada a necessidade de compatibilizar os "sistemas de perfis" na informatização da RFB com as competências dos órgãos administrativos e atribuições dos cargos da carreira de Auditoria da RFB.

Não bastassem as questões relativas à gestão de pessoas do setor público, um dos principais focos do movimento sindical dos analistas tributários é trazer a tona que as deficiências na gestão de pessoas deste segmento profissional, podem gerar consequências sociais nefastas para o equilíbrio entre a justiça fiscal e a implementação de políticas públicas e para o bom funcionamento da RFB. Nesse sentido, pode-se dizer que o principal resultado do estudo ora publicado, além da aproximação com o meio acadêmico, foi demonstrar que os sindicatos possuem papel primordial no aperfeiçoamento da gestão de recursos humanos no setor público federal, razão pela qual é necessário promover a aproximação entre os órgãos de gestão de pessoas e as organizações de seus servidores.

O texto, assim, é de leitura obrigatória para todos aqueles que pretendem integrar o debate acerca dos efeitos negativos que o desperdício de recursos públicos na gestão de pessoas pode gerar para os cidadãos em geral. Ele também (re)inaugura as discussões sobre a edição da Lei Orgânica da carreira de Auditoria da Administração Tributária Federal.

João Jacques Silveira Pena
Diretor de Assuntos Jurídicos do Sindireceita.

Artur Luiz Sampaio
Presidente do CEDS-MG.

Thiago de Azevedo Camargo
Assessor Jurídico do CEDS-MG.

1

RELATÓRIO

O Conselho Estadual de Delegacias Sindicais de Minas Gerais (CEDS-MG) honrou-me com a presente consulta acerca dos seguintes temas: (1) atividades essenciais da Administração Tributária e terceirização; (2) carreiras específicas da Administração Tributária e atribuições privativas e concorrentes dos cargos de Auditor Fiscal e Analista Tributário da Receita Federal do Brasil; (3) desvio de função nas atividades exercidas por ocupantes destes cargos, bem como de outros servidores em exercício na Receita Federal do Brasil não integrantes da carreira específica de Auditoria da Receita Federal.

Encaminhou documentação contendo normas e entendimentos acerca dos temas suscitados integrantes das publicações: Racionalização administrativa no âmbito da Administração Tributária: pareceres; A nova Administração Tributária: um estudo técnico sobre o fisco unificado; Coletânea de legislação sobre atribuições dos cargos na RFB, out. 2010; Nota Técnica nº 1/2011 – Diretoria de Assuntos Jurídicos/Sindireceita; Parecer PGFN/CAT/Nº 2933/2008.

Os temas tratados visam medidas práticas, razão pela qual o parecer optou, do ponto de vista metodológico, em efetuar a análise das questões no campo do direito positivo e da jurisprudência pertinente, tendo sido evitadas digressões doutrinárias, conceituais e teóricas excessivas.

Eis o relatório, segue o parecer.

2
PARECER

As duas primeiras questões apresentadas — (1) atividades essenciais da Administração Tributária e (2) carreiras específicas da Administração Tributária — decorrem da redação dada ao art. 37 da Constituição da República pela Emenda Constitucional nº 42/2003 – PEC nº 41/2003 (Câmara dos Deputados).[1] As demais são oriundas da legislação infraconstitucional vigente, constante dos Anexos deste Parecer, bem como da jurisprudência judicial e administrativa exaradas sobre os temas.

2.1 A Administração Tributária como atividade essencial da Administração Pública

As atividades essenciais da Administração Tributária estão inseridas num grupo maior de atividades estatais, alocadas no campo do "setor das atividades exclusivas do estado" onde são prestados os serviços que só o Estado pode realizar e onde ele exerce o seu poder de império.[2]

---

[1] "Art. 37. A administração pública direta e indireta de qualquer dos Poderes da União, dos Estados, do Distrito Federal e dos Municípios obedecerá aos princípios de legalidade, impessoalidade, moralidade, publicidade e eficiência e, também, ao seguinte: [...]
XXII - as administrações tributárias da União, dos Estados, do Distrito Federal e dos Municípios, *atividades essenciais ao funcionamento do Estado*, exercidas por servidores de carreiras específicas, terão recursos prioritários para a realização de suas atividades e atuarão de forma integrada, inclusive com o compartilhamento de cadastros e de informações fiscais, na forma da lei ou convênio. (Incluído pela Emenda Constitucional nº 42, de 19.12.2003)"

[2] Tais conceitos foram desenvolvidos no Plano Diretor da Reforma do Aparelho do Estado, de 1995 e foram conceitualmente tratados em RAMOS, Marcelo de Matos.

A própria Constituição da República, na redação dada ao art. 37, inciso XXII, pela Emenda Constitucional nº 42/2003[3] definiu a atividade de Administração Tributária como "essencial". A alteração do Texto Constitucional pela EC nº 42/2003 gerou uma série de consequências no campo da Administração Tributária e da gestão de pessoas atreladas às finalidades descritas, notadamente na gestão de recursos humanos da Administração Tributária, tais como: impossibilidade de perda do cargo do servidor estável, na hipótese prevista no §4º do art. 169 da CR/1988,[4] limitações ao exercício do direito de greve dos servidores públicos, vedação à terceirização das atividades da Administração Tributária a pessoas jurídicas de direito privado (conforme tópico 2.1.1 infra) e natureza do regime jurídico dos

---

Contratos de gestão: instrumentos de ligação entre os setores do aparelho do Estado. *Revista do Serviço Público*, São Paulo, v. 48, n. 2, p. 81-100, maio/ago. 1997; FLEURY, Sônia. Programa de estudos e pesquisas em reforma do Estado e governança. *Revista de Administração Pública – RDA*, Rio de Janeiro, n. 5, v. 31, p. 195-204, set./out. 1997; DIAS, Maria Tereza Fonseca. *Direito administrativo pós-moderno*: novos paradigmas do direito administrativo no estudo da relação entre o Estado e a sociedade. Belo Horizonte: Mandamentos, 2003.

[3] Além da redação dada ao art. 37, XXII, a Emenda Constitucional nº 42/2003 reforçou a essencialidade das atividades da Administração Tributária em outras alterações efetuadas no Texto Constitucional, nos seguintes temas: ampliação do poder do fisco (art. 145, §1º); previsão de vinculação de receitas para suas atividades (art. 167, IV) e previsão de avaliação periódica destas atividades, a ser realizada pelo Senado Federal (art. 52, XV). Cf. sobre as referidas alterações o Parecer PGFN/CAT/Nº 2933/2008 (não publicado) e sobre a vinculação de receitas às atividades da Administração Tributária o estudo de Juarez Freitas [Carreiras de Estado: o núcleo estratégico contra as falhas de mercado e de governo. *In*: FORTINI, Cristiana (Org.). *Servidor público*: estudos em homenagem ao Professor Pedro Paulo de Almeida Dutra. Belo Horizonte: Fórum, 2009. p. 195].

[4] Quanto a este aspecto, Juarez Freitas é incisivo ao afirmar que a hipótese do §4º, do art. 169 da CR/1988 revela-se logicamente inviável para os ocupantes de cargos essenciais ao funcionamento do Estado, pois "[...] o constituinte não pode ter pretendido que, em nome da austeridade fiscal, o estado se destrua" [FREITAS. Carreiras de Estado: o núcleo estratégico contra as falhas de mercado e de governo. *In*: FORTINI (Org.). *Servidor público*: estudos em homenagem ao Professor Pedro Paulo de Almeida Dutra, p. 198].

servidores (estatutário e não celetista), desenvolvido no tópico 2.2.1 deste parecer. Quanto ao exercício do direito de greve, a consequência mais imediata da redação do art. 37, XXII da CR/1988, ao considerar as atividades da Administração Tributária "essenciais", foi condicionar o exercício da greve aos ditames do art. 11 da Lei nº 7.783/1989.[5]

A aplicação da Lei nº 7.783/1989, em que pese editada para disciplinar o exercício de greve dos trabalhadores regidos pela CTL, passou a se aplicar aos servidores públicos detentores de cargo de provimento efetivo após o julgamento, pelo STF, dos Mandados de Injunção nº 670, nº 708 e nº 712.[6]

Deve-se, então, dizer, que a tentativa da Constituição não foi outra senão a de fortalecer as carreiras específicas pertencentes ao segmento desta estrutura administrativa — dada sua situação estratégica no desempenho das atividades de competência da União e de interesse dos cidadãos, fato que reforça a natureza estatutária do vínculo das carreiras públicas a elas vinculadas.

O conceito jurídico indeterminado "atividade essencial da Administração Tributária" oriundo da Constituição da República, servindo como diretriz ao legislador, deve ser esmiuçado pela ordem jurídica infraconstitucional. No caso da Administração Tributária Federal, as atividades da Administração Tributária foram tratadas pela Lei nº 7.739, de 16 de março de 1989, que previu no seu art. 3º, inciso V, o Ministério da Fazenda como

---

[5] "Art. 11. Nos serviços ou atividades essenciais, os sindicatos, os empregadores e os trabalhadores ficam obrigados, de comum acordo, a garantir, durante a greve, a prestação dos serviços indispensáveis ao atendimento das necessidades inadiáveis da comunidade" (BRASIL. Lei nº 7.783, de 28 de junho de 1989. Dispõe sobre o exercício do direito de greve, define as atividades essenciais, regula o atendimento das necessidades inadiáveis da comunidade, e dá outras providências).

[6] Cf. sobre o tema ARAÚJO, Florivaldo Dutra de. *Negociação coletiva dos servidores públicos*. Belo Horizonte: Fórum, 2011. p. 396-398.

órgão do primeiro escalão da estrutura da Administração Pública Federal; pelo Decreto-Lei nº 200, de 25 de fevereiro de 1967, que disciplinou, em seu art. 39, os assuntos que constituem a área de competência do Ministério da Fazenda[7] e o Decreto nº 7.482, de 16 de maio de 2011, que, ao tratar da Estrutura Regimental do Ministério da Fazenda, regulamentou, em seu art. 1º, II, entre suas áreas de competência, a da Administração Tributária, circunscrita às seguintes atividades: "[...] política, administração, fiscalização e arrecadação tributária federal, inclusive a destinada à previdência social, e aduaneira". Também definiu, em seu art. 2º, II, "b", a estrutura organizacional da Secretaria da Receita Federal do Brasil e nos arts. 15 a 20 as competências de cada um dos órgãos desta estrutura organizacional.

No caso em análise, não há que se falar em distinção de natureza, entre atividades "essenciais", "típicas" e "atividades-fim" da Administração Tributária, que, neste contexto, entende-se ser as mesmas descritas acima.

Assim, *são atividades essenciais, típicas e ou atividades-fim da Administração Tributária* as competências do Ministério da Fazenda que lhe são correspondentes, descritas no art. 39 do Decreto Lei nº 200/1967, devidamente regulamentadas pelo Decreto nº 7.482/2011, com base no art. 84, inciso VI, alínea "a" da Constituição da República, conforme detalhado neste Parecer, nos ANEXOS A e B.

O levantamento das alterações regulamentares recentes da Estrutura regimental do Ministério da Fazenda demonstrou que ocorreram reedições constantes das competências dos órgãos da Administração Tributária, gerando insegurança jurídica na sua organização administrativa. Nos últimos três anos foram editados oito decretos sobre o conteúdo desta estrutura regimental: Decreto nº 6.661/2008; Decreto nº 6.764/2009; Decreto

---

[7] "Art. 39. [...] I - Assuntos monetários, creditícios, financeiros e fiscais; poupança popular; II - Administração Tributária; III - Arrecadação; IV - Administração financeira; V - Contabilidade e auditoria; VI - Administração patrimonial. (Redação dada pela Lei nº 6.228, de 1975)".

nº 7050/2009; Decreto nº 7301/2010; Decreto nº 7.386/2010; Decreto nº 7.391/2010; Decreto nº 7.386/2010 e Decreto nº 7.386/2010 e Decreto nº 7.482/2011.

Assim, em que pese o reconhecimento da necessidade de mudanças a serem processadas na dinâmica de funcionamento da máquina administrativa e da necessidade do processamento de alterações eventuais, a definição das competências deve orientar-se na estabilidade de suas definições, para o bom funcionamento dos órgãos administrativos. O quadro comparativo apresentado no ANEXO C deste Parecer, que sublinhou no art. 15 do Decreto nº 7.482/2011, as alterações promovidas nas competências da Secretaria da Receita Federal do Brasil com base no Decreto nº 6.661/2008, demonstrou que várias foram as mudanças promovidas, mudanças estas que repercutem no exercício das atribuições dos cargos públicos afetos a sua estrutura administrativa, como será discutido adiante. Também foi observada inclusão de competências novas, não previstas nos Decretos anteriores.[8]

Questão problemática que pode ser apresentada quanto à edição destes instrumentos normativos que disciplinam as competências da Secretaria da Receita Federal é a seguinte: como as atividades essenciais descritas, por força do princípio da legalidade, podem servir para a definição das atribuições dos cargos constantes da carreira de Auditoria da Receita Federal? Este tema será tratado no item 2.2.2 deste parecer.

Entre as consequências do conteúdo do art. 37, XXII da CR/1988 e legislação infraconstitucional relacionada será desenvolvido a seguir a vedação às limitações à terceirização das atividades da Administração Tributária a pessoas jurídicas de direito privado e a natureza do regime jurídicos dos servidores

---

[8] "Art. 15. À Secretaria da Receita Federal do Brasil compete: [...] VI - preparar e julgar, em instância única, processos administrativos de aplicação de pena de perdimento de mercadorias e valores e de multa a transportador de passageiros ou de carga em viagem doméstica ou internacional que transportar mercadoria sujeita à pena de perdimento (Decreto nº 7.482/2011)."

detentores de cargo de provimento efetivo (estatutário e não celetista) das carreiras da Administração Tributária Federal.

2.1.1 Atividades meio e atividades fim da Administração Tributária e a vedação da terceirização destas atividades a pessoas jurídicas de direito privado

A alteração constitucional promovida pela EC nº 42/3003 no art. 37, XXII, segundo Ivan Barbosa Rigolin, teve repercussões no campo da terceirização destas atividades. Para o autor, a redação deste dispositivo constitucional:

> [...] significa uma aparente proibição de que a atividade de tributação seja *terceirizada*, eis que definida, no próprio dispositivo, como essencial ao funcionamento do Estado, e por isso deve ser entregue a servidores públicos, os quais neste caso devem pertencer a carreiras próprias dessa atividade, que com isso cada ente se obriga a estruturar e manter.[9]

No mesmo sentido, Flávio Amaral Garcia, após fazer extensa revisão da literatura sobre o assunto, estabelece como limite para a realização de terceirizações as atividades ligadas a carreiras que têm assento constitucional. Para o autor:

> [...] trata-se de uma opção do legislador constituinte originário, que entendeu que determinadas atividades dependeriam de uma carreira estruturada para melhor satisfação daqueles interesses públicos. E essa não foi uma escolha aleatória, já que a maior parte das carreiras estruturadas na Constituição Federal engloba atividades típicas estatais que demandam prerrogativas de autoridade ou que dependem de uma independência funcional indispensável para sua correta consecução.[10]

---

[9] RIGOLIN, Ivan Barbosa. *O servidor público nas reformas constitucionais*. 2. ed. rev. ampl. Belo Horizonte: Fórum, 2006. p. 71-72.

[10] GARCIA, Flávio Amaral. A relatividade da distinção atividade-fim e atividade-meio na terceirização aplicada à Administração Pública. *Revista Eletrônica de Direito do*

A discussão sobre a terceirização de atividades no setor público deriva de aprofundamentos feitos anteriormente no campo do Direito do Trabalho e que, do ponto de vista conceitual, aplicam-se à seara do Direito Administrativo.

Segundo José Carlos Bonfiglioli, que preside empresa especializada em terceirização de recursos humanos e editou publicação específica sobre o tema:

> Tanto a doutrina como a jurisprudência definem como atividade meio aquela que *não é inerente ao objetivo principal da empresa*, trata-se de serviço necessário, mas que não tem relação direta com a atividade principal da empresa, ou seja, é um serviço não essencial e, como atividade-fim, aquela que caracteriza o objetivo principal da empresa, a sua destinação, o seu empreendimento, normalmente expresso no contrato social.[11] (grifos nossos)

Como dito anteriormente, as atividades-fim e também típicas e essenciais da Administração Tributária Federal, em virtude de serem inerentes às competências da RFB, estão descritas no Decreto-Lei nº 200/1967 e no Decreto nº 7.482, de 16 de maio de 2011. E, justamente por esta razão, não são passíveis de terceirização. Além disso, um olhar mais atento ao conjunto das competências da RFB, revela que estas envolvem atividades de segurança,[12] fiscalização,[13] regulação[14] e exercício do

---

Estado – REDE, Salvador, n. 24, p. 21, out./dez. 2010. Disponível em: <http://www.direitodoestado.com/revista/REDE-24-OUTUBRO-2010-FLAVIO-AMARAL.pdf>. Acesso em: out. 2011.

[11] BONFIGLIOLI, José Carlos. *Trabalho temporário e terceirização de serviços*: aspectos legais e sociais. 5. ed. São Paulo: JobCenter do Brasil, 2011. p. 94.

[12] Como "[...] repressão ao contrabando, ao descaminho, à contrafação e pirataria e ao tráfico ilícito de entorpecentes e de drogas afins, e à lavagem e ocultação de bens, direitos e valores" (art. 15, XX, Decreto nº 7.482/2011).

[13] Como "[...] planejar, dirigir, supervisionar, orientar, coordenar e executar os serviços de fiscalização, lançamento, cobrança, arrecadação e controle dos tributos e demais receitas da União sob sua administração" (art. 15, VIII, Decreto nº 7.482/2011).

[14] Como "[...] normatizar o Sistema Integrado de Comércio Exterior" (art. 15, XXI, Decreto nº 7.482/2011).

poder de polícia[15] que, por sua natureza, também torna ilícita a terceirização.

Flávio Amaral Garcia, que coloca o poder de império estatal como limite das terceirizações, referindo-se justamente àquelas atividades que exigem atos de império e autoridade, afirma que:

> Essas são atividades estatais que, em sua essência, dependem que as autoridades administrativas estejam investidas com prerrogativas públicas necessárias à satisfação dos interesses públicos tutelados e que, portanto, não podem ser delegadas a agentes privados que não ostentem tal condição.[16]

Na atividade tributária, a utilização da terceirização é mais restrita em virtude do 7º do Código Tributário Nacional, segundo o qual esta competência é indelegável, a saber:

> Art. 7º A competência tributária é indelegável, salvo atribuição das funções de arrecadar ou fiscalizar tributos, ou de executar leis, serviços, atos ou decisões administrativas em matéria tributária, conferida por uma pessoa jurídica de direito público a outra, nos termos do §3º do artigo 18 da Constituição.

A indelegabilidade da atividade tributária relaciona-se com a natureza coercitiva e impositiva das obrigações tributárias[17] e com o exercício do poder de polícia que a atividade requer. A atividade de polícia, segundo posicionamento dominante na

---

[15] Como "[...] dirigir, supervisionar, orientar, coordenar e executar os serviços de administração, fiscalização e controle aduaneiros, inclusive no que diz respeito a alfandegamento de áreas e recintos" (art. 15, XVII, Decreto nº 7.482/2011).

[16] GARCIA. A relatividade da distinção atividade-fim e atividade-meio na terceirização aplicada à Administração Pública. *Revista Eletrônica de Direito do Estado – REDE*, p. 21.

[17] Conforme conceitua o art. 3º do Código Tributário Nacional, a tributação corresponde a "[...] toda prestação pecuniária *compulsória*, em moeda ou cujo valor nela se possa exprimir, que não constitua sanção de ato ilícito, *instituída em lei e cobrada mediante atividade administrativa plenamente vinculada*" (grifos nossos).

doutrina[18] e jurisprudência,[19] não é passível, seja de delegação, seja de terceirização.

Mais recentemente, a Lei nº 11.079/04 (Lei das Parcerias Público-Privadas), em seu art. 4º, inciso III, alerta para a indelegabilidade das "[...] funções de regulação, jurisdicional, do exercício do poder de polícia e de outras atividades exclusivas do Estado", dentre as quais devem ser incluídas as da Administração Tributária.

Assim, diante do ordenamento jurídico vigente configura-se inconstitucional e ilegal a terceirização das atividades essenciais da Administração Tributária, bem como a delegação destas atribuições para servidores não integrantes da carreira específica de que trata o art. 37, XXII, da CR/1988.

As atividades-meio, por sua vez, são todas aquelas complementares ao exercício das atividades-fim da Administração Tributária e que poderiam, em tese, ser passível de terceirização aos particulares.

Devido à gama de atividades que este último conceito pode abranger e visando tornar objetivo o campo de contratação

---

[18] Para Marçal Justen Filho, "veda-se a delegação do poder de polícia a particulares não por alguma qualidade essencial ou peculiar à figura, mas porque o Estado Democrático de Direito importa o monopólio estatal da violência" (JUSTEN FILHO, Marçal. *Teoria geral das concessões de serviço público*. São Paulo: Dialética, 2003. p. 28).

[19] O STF, em diversas oportunidades, manifestou-se no sentido da impossibilidade de delegação das atividades concernentes ao exercício do poder de polícia aos particulares, tal como se pode depreender nos julgados seguintes "[...] não parece possível, a um primeiro exame, em face do ordenamento constitucional, mediante a interpretação conjugada dos artigos 5º, XIII, 22, XVI, 21, XXIV, 70, parágrafo único, 149 e 175 da C.F., a delegação, a uma entidade privada, de atividade típica de estado, *que abrange até poder de polícia*, de tributar e de punir, no que tange ao exercício de atividades profissionais" (BRASIL. Supremo Tribunal Federal. ADI-MC nº 1.717/DF. Rel. Min. Sydney Sanches. Julg. 22 set. 1999. Disponível em: <http://www.stf.gov.br/jurisprudencia/nova/pesquisa.asp>); "Constitucional. Trânsito. Concessão de serviços públicos de inspeção de segurança de veículos. Inconstitucionalidade. I. - Lei 10.848, de 1996, do estado do Rio Grande do Sul: suspensão cautelar dos seus efeitos. II. - Cautelar deferida" (BRASIL. Supremo Tribunal Federal. ADI-MC nº 1.666/RS. Rel. Min. Carlos Velloso. Julg. 16.06.1999. Disponível em: <http://www.stf.gov.br/jurisprudencia/nova/pesquisa.asp>).

de atividades terceirizadas no setor público, a União editou o Decreto nº 2.271/1997[20] e a Instrução Normativa MPOG nº 2/2008,[21] que enumeram que poderão ser objeto de execução indireta as atividades materiais acessórias, instrumentais ou complementares aos assuntos que constituem área de competência legal do órgão ou entidade (art. 1º, §1º, Decreto nº 2.271/1997), a saber: conservação, limpeza, segurança, vigilância, transportes, informática, copeiragem, recepção,[22] reprografia, telecomunicações e manutenção de prédios. Por exclusão também define expressamente que "Não poderão ser objeto de execução indireta as atividades inerentes às categorias funcionais abrangidas pelo plano de cargos do órgão ou entidade" (art. 1º, §2º, Decreto nº 2.271/1997).

Tendo sido editados como limites para a atividade de terceirização, uma eventual ampliação deste conjunto de atividades deve ser feita apenas com a alteração destes diplomas normativos, notadamente do Decreto nº 2.271/1997, razão pela qual se deve entender que tais atividades são *numerus clausus*.

Quanto às atividades de terceirização, o Tribunal Superior do Trabalho editou em 2003 o Enunciado da Súmula nº 331/2003, I[23] e III[24] que determinam em que hipóteses há ilegalidade na

---

[20] Dispõe sobre a contratação de serviços pela Administração Pública Federal direta, autárquica e fundacional e dá outras providências (Disponível em: <http://www.planalto.gov.br/legislação>. Acesso em: out. 2011).

[21] A Instrução Normativa MPOG nº 2, de 30 de abril de 2008, dispõe sobre regras e diretrizes para a contratação de serviços, continuados ou não.

[22] A Nota Técnica DECOR/CGU/AGU nº 148/2008 determinou que secretária e auxiliar administrativo não podem ser objeto de terceirização quando houver cargos administrativos de nível médio cujas atribuições possam abranger as das referidas contratadas.

[23] "I - A contratação de trabalhadores por empresa interposta é ilegal, formando-se o vínculo diretamente com o tomador dos serviços, salvo no caso de trabalho temporário (Lei nº 6.019, de 03.01.1974)."

[24] "III - Não forma vínculo de emprego com o tomador a contratação de serviços de vigilância (Lei nº 7.102, de 20.06.1983) e de conservação e limpeza, *bem como a de serviços especializados ligados à atividade-meio do tomador*, desde que inexistente a pessoalidade e a subordinação direta."

atividade de terceirização. Atenção deve ser data a nova redação deste Enunciado do TST, no último dia 24.05.2011, que em seu inciso V,[25] responsabiliza subsidiariamente a Administração por dívidas da empresa prestadora nas hipóteses que menciona. Também está vedada a utilização da terceirização como forma de locação de mão de obra, conforme Decisão nº 569, proferida em 1996 pelo Tribunal de Contas da União. Segundo a Corte:

> A verdadeira terceirização é a contratação de serviços e não locação de trabalhadores. Quando uma empresa terceiriza um serviço, sempre uma atividade meio, ela contrata outra empresa para realizar aquela atividade, por sua conta e risco, interessando à empresa tomadora do serviço o resultado, o produto, a tempo e modo, independente de quais ou quantos funcionários a empresa contratada empregou. Com a locação de mão-de-obra sucede exatamente o contrário. A contratante solicita que se coloque à sua disposição, no lugar que indica, número certo de empregados, que podem ou não ser aceitos e que desenvolverão, sob supervisão do contratante, as atividades que determinar. Trata-se de fraude à legislação trabalhista, nada mais que isso.

Por força do Acórdão TCU 1.520/2006,[26] o Ministério da Fazenda deveria proceder à substituição do seguinte número de terceirizados por ano no Ministério da Fazenda: 46 (2006); 54 (2007); 50 (2008); 84 (2009); 33 (2010).

O citado acórdão, que diz respeito ao fenômeno da terceirização na Administração Pública Federal e não apenas na Secretaria da Fazenda, concluiu que "[...] a terceirização

---

[25] "V - Os entes integrantes da administração pública direta e indireta respondem subsidiariamente, nas mesmas condições do item IV, caso evidenciada a sua conduta culposa no cumprimento das obrigações da Lei n. 8.666/93, especialmente na fiscalização do cumprimento das obrigações contratuais e legais da prestadora de serviço como empregadora. A aludida responsabilidade não decorre de mero inadimplemento das obrigações trabalhistas assumidas pela empresa regularmente contratada."
[26] BRASIL. Tribunal de Contas da União. Acórdão nº 1.520/2006. Disponível em: <http://www.tcu.gov.br>.

de serviços não deve gerar vínculos de subordinação entre o terceirizado e servidores da administração pública, de modo a não se caracterizar vínculo empregatício que desconfiguraria o instituto da terceirização".

O TCU, em outra oportunidade, no Acórdão nº 1.815/2003, concluiu que "[...] se houver necessidade de subordinação jurídica entre o obreiro e o tomador de serviços, bem assim de pessoalidade e habitualidade, a terceirização será ilícita, tornando-se imperativa a realização de concurso público, ainda que não se trate de atividade-fim da contratante".[27]

Diante deste quadro, é necessário acompanhar as informações prestadas nos autos em epígrafe para verificar se ainda é considerado significativo o número de terceirizados irregulares ou impróprios no âmbito da Administração Tributária Federal.

2.2 Carreiras específicas da Administração Tributária

O multicitado art. 37, XXII, da CR/1988 faz referência à existência de carreiras específicas na Administração Tributária em âmbito federal, estadual e municipal. A existência de carreiras decorre do regime estatutário atribuído aos servidores detentores de cargo de provimento efetivo e à natureza das atividades desenvolvidas.

Conforme explica Juarez Freitas:

> Apenas servidor de carreira e, por conseguinte, ocupante de cargos de provimento efetivo, pode executar as funções peculiares à fiscalização, haja vista que suas tarefas são de cunho permanente e, ao pressuporem utilização de poderes de soberania, exigem, por simetria, o arrimo estatutário de um status especial.[28]

---

[27] BRASIL. Tribunal de Contas da União. Acórdão nº 1.815/2003. Disponível em: <http://www.tcu.gov.br>.

[28] FREITAS. Carreiras de Estado: o núcleo estratégico contra as falhas de mercado e de governo. In: FORTINI (Org.). *Servidor público*: estudos em homenagem ao Professor Pedro Paulo de Almeida Dutra, p. 199.

O cargo, segundo Hely Lopes Meirelles, "[...] é o lugar instituído na organização do serviço público, com denominação própria, *atribuições e responsabilidades específicas* e estipêndio correspondente, para ser provido e exercido por um titular, *na forma estabelecida em lei*"[29] (grifos nossos).

Eles serão classificados como cargos de carreiras "[...] quando encartados em uma série de 'classes' escalonada em função do grau de responsabilidade e nível de complexidade das atribuições".[30]

Analisando a legislação específica sobre o tema, tem-se que a carreira "Auditoria da Receita Federal", de que trata o art. 5º da Lei nº 10.593, de 06 de dezembro de 2002 e o Decreto nº 6.641, de 10 de novembro de 2008 e seus respectivos cargos — Auditor-Fiscal da Receita Federal e Analista-Tributário da Receita Federal — enquadram-se nas carreiras específicas da RFB de que trata o art. 37, XXII, da CR/1988, tendo em vista a natureza das atribuições dos cargos que compõe esta carreira, que dizem respeito a atividades de segurança, fiscalização, regulação e exercício do poder de polícia no campo da Administração Tributária, conforme descrito nos ANEXOS D, E e F deste Parecer.

Outro argumento que corrobora a conclusão de que a carreira "Auditoria da Receita Federal" enquadra-se nas carreiras específicas de que trata o art. 37, XXII da CR/1988 é o fato de que outros servidores públicos detentores de cargo efetivo que exercem suas funções no âmbito da Receita Federal do Brasil, tais como os Assistentes Técnico-Administrativos, têm assento legal distinto da carreira de Auditoria da RFB, a saber: o Plano Geral de Cargos do Poder Executivo, de que trata a Lei nº 11.357, de 19 de outubro de 2006, e as atribuições deste cargo, além de não envolver

---

[29] MEIRELLES, Hely Lopes. *Direito administrativo brasileiro.* 23. ed. São Paulo: Malheiros, 1998.
[30] BANDEIRA DE MELLO, Celso Antônio. *Curso de direito administrativo.* 20. ed. São Paulo: Malheiros, 2006. p. 295.

atividades que exprimem atos de império do Estado, contém descrição genérica na legislação, descrição esta que ainda ressalva as atribuições privativas de carreiras específicas, nos termos do art. 1º, parágrafo único, inciso III, da Lei nº 11.357/2006.[31] Como adiantado no item anterior, este cargo, pelo seu conjunto de atribuições previstos em lei, não podem executar atividades inerentes às competências dos cargos da carreira específica de que trata o art. 37, XXII, da CR/1988.

O histórico de formação da referida carreira, com seus respectivos cargos, após a criação da Secretaria da Receita Federal do Brasil, foi suficientemente apresentado nos pareceres e notas técnicas já exarados sobre o tema e sobre os quais este parecer não irá adentrar.[32]

Será feita a análise a seguir, da natureza jurídica da carreira para que sejam analisados os desdobramentos jurídicos que repercutem na definição das atribuições dos seus cargos.

---

[31] "Art. 1º Fica estruturado o Plano Geral de Cargos do Poder Executivo – PGPE composto por cargos efetivos de nível superior, intermediário e auxiliar *não integrantes de Carreiras específicas, Planos Especiais de Cargos ou Planos de Carreiras instituídos por leis específicas* e voltados ao exercício de atividades técnicas, técnico-administrativas e de suporte no âmbito dos órgãos e entidades da administração federal direta, autárquica e fundacional. Parágrafo único. Integrarão o PGPE, nos termos desta Lei, os seguintes cargos de provimento efetivo: [...] III - *Assistente Técnico-Administrativo*, de nível intermediário, com atribuições voltadas à execução de atividades técnicas, administrativas, logísticas e de atendimento, de nível intermediário, relativas ao exercício das competências constitucionais e legais a cargo dos órgãos ou entidades da administração pública federal, *ressalvadas as privativas de Carreiras específicas*, fazendo uso de todos os equipamentos e recursos disponíveis para a consecução dessas atividades, além de outras atividades de mesmo nível de complexidade em sua área de atuação; (Incluído pela Lei nº 11.907, de 2009)" (grifos nossos).

[32] Cf. FREITAS. Carreiras de Estado: o núcleo estratégico contra as falhas de mercado e de governo. *In*: FORTINI (Org.). *Servidor público*: estudos em homenagem ao Professor Pedro Paulo de Almeida Dutra; BACELLAR FILHO, Romeu Felipe. A possibilidade de unificação dos cargos de Auditor-Fiscal da Receita Federal e de Técnico da Receita Federal. *In*: FUNDAÇÃO GETULIO VARGAS. *A nova administração tributária*: um estudo técnico sobre o Fisco Unificado. Rio de Janeiro: Sindireceita, 2005; FUNDAÇÃO GETULIO VARGAS. Evolução dos quadros de pessoal da administração tributária. *In*: FUNDAÇÃO GETULIO VARGAS. *A nova administração tributária*: um estudo técnico sobre o Fisco Unificado, p. 60.

2.2.1 Natureza jurídica da carreira de Auditoria da Receita Federal

Em que pesem as reconhecidas divergências acerca da natureza do vínculo jurídico entre os agentes públicos e o Estado (estatutário,[33] celetista[34] ou misto[35]), prevalece na doutrina e na jurisprudência pátrias, o regime jurídico estatutário para os servidores detentores de cargo de provimento efetivo, tais como os de Analista-Tributário da Receita Federal do Brasil.

A noção de regime[36] jurídico implica no conjunto de normas que regem as relações entre os agentes públicos e a Administração Pública.

As teorias[37] que classificaram a relação entre o servidor público detentor de cargo e a Administração como pertencente ao regime estatutário concentraram-se nas teorias unilaterais da "coação legal" e da "situação legal", tendo prevalecido na doutrina administrativista a teoria unilateral da "situação legal". Na teoria da situação legal, "[...] o candidato à função pública aceita 'sponte sua' a situação que o Estado lhe apresenta".[38]

---

[33] Os principais expoentes doutrinários do regime jurídico estatutário no direito administrativo brasileiro são: ANASTASIA, Antonio Augusto Junho. *Do regime jurídico único dos servidores públicos civis*. Belo Horizonte: Del Rey, 1990; e ROCHA, Cármen Lúcia Antunes. *Princípios constitucionais dos servidores públicos*. São Paulo: Saraiva, 1999.

[34] Conferir, entre os defensores da natureza contratual do vínculo entre os servidores públicos e o Estado: ARAÚJO, Florivaldo Dutra de. *Negociação coletiva dos servidores públicos*. Belo Horizonte: Fórum, 2011; NETTO, Luísa Cristina Pinto e. *Contratualização da função pública*. Belo Horizonte: Del Rey, 2005; SORBILLI FILHO, Roberto. A alteração unilateral das normas do regime de trabalho com o Estado. *In*: FORTINI (Org.). *Servidor público*: estudos em homenagem ao Professor Pedro Paulo de Almeida Dutra, p. 383-403.

[35] O principal defensor do regime jurídico misto é Bandeira de Mello (*Curso de direito administrativo*).

[36] "Regime importa no sistema ou modo regular por que as coisas, instituições ou pessoas se devam conduzir" (De Plácido e Silva).

[37] Cretella Júnior apresenta um interessante quadro esquemático das principais teorias sobre a natureza jurídica da relação funcional: Teorias Unilaterais (Coação legal e situação legal) e teorias contratuais (contrato de direito privado, contrato de direito misto, contrato de direito público) (Cf. CRETELLA JÚNIOR, José. *Tratado de direito administrativo*. Rio de Janeiro: Forense, 1966-1972. v. 6 - Processo administrativo).

[38] CRETELLA JÚNIOR. *Tratado de direito administrativo*, p. 77.

Tem-se como pressuposto corrente o fato de que, no regime estatutário, a relação entre Estado-Administração e servidor é unilateral. A consequência direta dessa afirmação é de que, sendo unilateral, o regime estatutário é de direito público. Diante deste pressuposto, Juarez Freitas, referindo-se especificamente às carreiras de Estado, afirma que:

> [...] numa ordem constitucional em que a Administração Tributária tem por *munus* garantir a máxima eficácia da rede de tributos, conferindo de perto a regular incidência, admitir-se que as suas funções possam ser exercidas por entidade de direito privado ou por empregados não-estatutários (ainda que concursados), ou por meros ocupantes de cargo de confiança, representa quebrar o sistema pela base.[39]

Não foi outra a razão que levou o Tribunal de Contas da União, no Acórdão nº 503/2008, Primeira Câmara, a determinar à Receita Federal do Brasil, ao Serpro, à Secretaria Executiva do Ministério do Planejamento Orçamento e Gestão, à Secretaria Executiva do Ministério da Fazenda e à Procuradoria-Geral da Fazenda Nacional que:

> [...] encaminhem ao Tribunal de Contas da União, por intermédio da 2ª SECEX, plano de execução de medidas que visem a solucionar a questão do *desvio de função de empregados celetistas do Serpro*, estagiários e servidores do PCC/PGPE, em atividade na RFB e em outros órgãos do Ministério da Fazenda, tendo em vista os potenciais riscos ao erário, advindos de demandas judiciais por desvio de função, e à integridade dos sistemas da Receita Federal do Brasil, decorrentes do acesso irrestrito a informações e dados sigilosos.[40] (grifos nossos)

---

[39] FREITAS. Carreiras de Estado: o núcleo estratégico contra as falhas de mercado e de governo. In: FORTINI (Org.). *Servidor público*: estudos em homenagem ao Professor Pedro Paulo de Almeida Dutra, p. 190.

[40] BRASIL. Tribunal de Contas da União. Acórdão nº 503/2008. Disponível em: <http://www.tcu.gov.br>. No Relatório de Inspeção que trata do monitoramento de determinações Ac. 503/2008 (TC 008.889/2008-2) o Tribunal concluiu, quanto a este aspecto, que: "Apesar dos resultados positivos constatados pelos Auditores da

A situação jurídica do agente público, no regime estatutário, é determinada por meio de *lei ou regulamento*, isto é, de forma unilateral, geral e impessoal, o que implica regramento uniforme para cada categoria de agentes, bem como possibilita a modificação de tal situação, a qualquer momento, *pelo legislador ou pela autoridade que detenha o poder regulamentador*.

Baseado na lição de Antonio Augusto Anastasia de que "[...] o regime jurídico único do servidor público é de direito público, cuja relação funcional sob sua regência é unilateral, consubstanciando o regime em uma norma positiva",[41] afirmou o acórdão do STF na decisão proferida na ADI nº 492-1, que declarou inconstitucionais as alíneas "d" e "e" do art. 240 da Lei nº 8.112, de 11 de dezembro de 1990, que previa a negociação coletiva dos servidores públicos:

> Enquanto as relações de Direito público caracterizam-se pela desigualdade jurídica das partes (Estado e administrado), nas de Direito Privado impõe-se a igualdade jurídica, a despeito de ser comum a desigualdade econômica — caso das relações privadas de trabalho — a forçar a intervenção do Estado, mas sem desnaturar a origem contratual das obrigações.[42]

O pressuposto axiológico da teoria unilateralista da relação funcional é de que "O Estado-administração é a encarnação do interesse público em sua totalidade".[43]

Segundo Diogo de Figueiredo Moreira Neto:

2ª Secex, as providências efetivadas pelos órgãos envolvidos na matéria sob enfoque não foram consideradas totalmente eficazes. Em conseqüência, a equipe suscitou a necessidade de serem adotadas outras ações complementares a fim de que pudesse ser alcançada a plena eficiência das providências concretizadas" (BRASIL. Tribunal de Contas da União. TC 008.889/2008-2. Disponível em: <http://www.tcu.gov.br>).

[41] ANASTASIA. *Do regime jurídico único dos servidores públicos civis*.
[42] BRASIL. Supremo Tribunal Federal. Tribunal Pleno. ADI nº 492-1. Rel. Min. Carlos Velloso. *DJ*, 12 mar. 1993.
[43] COELHO, Rogério Viola. *A relação de trabalho com o Estado*: uma abordagem crítica da doutrina administrativa da relação de função pública. São Paulo: LTr., 1994. p. 35.

Os arquitetos dessa teoria, Duguit, Hauriou e D'Alessio, frisam o fato de não ser a Administração quem fixa ou ajusta as condições de desempenho de serviço e de pagamento de remuneração com seus servidores seja unilateralmente, seja, como querem os mais antigos, contratualmente, mas quem faz é o Estado, atuando por seu Poder Legislativo, sob critérios político-administrativos, de modo a que o interesse público esteja atendido antes e acima de tudo.[44]

Calcado na distinção entre "trabalhador" e "servidor público", alguns administrativistas justificam a diversa natureza do serviço prestado pelas diferentes categorias de servidores e trabalhadores. Enquanto o trabalhador estaria incumbido da prestação de trabalho subordinado, o servidor seria a encarnação do interesse público e atuaria como órgão do Estado, ficando incumbido da manifestação de sua vontade, *in casu*, para o exercício de atividades que demandam o exercício de poder de polícia. E, para Juarez Freitas:

> [...] é da essência do "poder de polícia", em qualquer das instâncias da federação, estruturar-se a partir de carreira de servidores públicos estatutários, formada por cargos de provimento efetivo, devidamente concursados e dotados das garantias aptas a minimizar os efeitos deletérios da política episódica [...].[45]

O titular de um cargo público torna-se, assim, uma parte da administração pública, a sua expressão física, através do qual realiza-se a ação executiva do Governo. Por esta razão, os defensores da teoria estatutária afirmam que certas funções exigem o provimento estatutário para os cargos respectivos, como ocorre na prestação continuada dos serviços de arrecadação, lançamento de tributos, cobrança administrativa, fiscalização,

---

[44] MOREIRA NETO, Diogo de Figueiredo. *Curso de direito administrativo*. 11. ed. Rio de Janeiro: Forense, 1998. p. 204.

[45] FREITAS. Carreiras de Estado: o núcleo estratégico contra as falhas de mercado e de governo. In: FORTINI (Org.). *Servidor público*: estudos em homenagem ao Professor Pedro Paulo de Almeida Dutra, p. 195.

pesquisa e investigação fiscal e controle da arrecadação tributária, notadamente após o advento da Emenda Constitucional nº 42/2003.

A regulamentação da relação entre servidores públicos e Administração, tais como o seu regime jurídico, vencimentos e remuneração, requisitos para investidura, acumulação de cargos, entre outros inúmeros aspectos, assentam-se na lei e no princípio da legalidade. Segundo a doutrina corrente, trata-se de normas intransponíveis para todo e qualquer tipo de regime do servidor público, de ordem pública, cogentes e não derrogáveis pelas partes.

Nesse sentido, não é possível à Administração Pública transigir no que diz respeito à matéria reservada à lei, pois, "estatutariamente, o funcionário é entendido em sentido limitado, qual seja, é todo aquele legalmente investido em cargo público".[46]

A distinção na aplicação dos regimes celetista e estatutário no âmbito da Administração Pública foi construída historicamente através da implementação de dois conjuntos diversos de normas para reger as relações do servidor público e a Administração e o empregado e empregador. Assim, o Estatuto dos Servidores Civis da União (1939) vigorou antes da CLT (1942) para reger diversamente a relação entre o servidor público e o trabalhador comum. A antiguidade das normas acabou por gerar regimes jurídicos diversos.

O regime estatutário é unilateral porque pressupõe a desigualdade entre as partes. Sob esse enfoque, vislumbra-se a supremacia de uma das partes — o Estado — que, enquanto Estado Legislador, dita unilateralmente os direitos, deveres, garantias e vantagens do servidor e pode alterá-los também unilateralmente.

As principais características do regime jurídico estatutário que repercutem no exercício de direitos dos servidores de cargo de provimento efetivo são:

---

[46] CASTRO, Carlos Borges de. *Regime jurídico da CLT no funcionalismo*. São Paulo: Saraiva, 1981. p. 18.

- a situação jurídica do agente público é definida de forma unilateral (lei ou regulamento);
- é geral e impessoal;
- possibilita a modificação de tal situação, a qualquer momento, pelo legislador ou pela autoridade que detenha o poder regulamentador;
- instituída com fundamento na supremacia do interesse público;
- subordinação do agente público.

Em que pese todo o desenvolvimento doutrinário e jurisprudencial sobre o conteúdo e efeitos do regime jurídico estatutário, algumas notas do seu desenvolvimento precisam ser reformuladas no paradigma do Estado Democrático de Direito. Uma delas é a própria questão da implementação unilateral das condições do exercício da relação de função pública por intermédio da lei ou regulamento, que será tratado no tópico a seguir.

Paulo Emílio Ribeiro de Vilhena,[47] fundado na distinção entre Estado-Administração e Estado-ordem-jurídica, entende que não é o Estado-Administração que pode alterar unilateralmente a relação de função pública. Assim, as decisões do Estado somente seriam unilaterais se, confundindo Estado e Direito, conseguirmos vislumbrar um Estado "metajurídico", situado acima do direito.[48]

A Constituição da República, no paradigma do Estado Democrático de Direito, prima pelas relações consensuais e pautadas pelo exercício da cidadania, razão pela qual a concepção clássica da teoria unilateral/estatutária merece ser redesenhada

---

[47] VILHENA, Paulo Emílio Ribeiro de. *Direito público, direito privado*: sob o prisma das relações jurídicas. 2. ed. rev. ampl. Belo Horizonte: Del Rey, 1996.
[48] Segundo Rogério Viola Coelho: "Em face dessa lição lastreada no pensamento de Kelsen, parece claro que não existe uma diferença ontológica entre a atividade laboral de um servidor público e a de um trabalhador privado, idéia que perpassa toda a doutrina juspublicista tradicional" (COELHO, *A relação de trabalho com o Estado*: uma abordagem crítica da doutrina administrativa da relação de função pública, p. 1994).

no contexto atual visando garantir o pleno exercício dos direitos dos servidores públicos, notadamente os da carreira de Auditoria da Receita Federal do Brasil.

Como será desenvolvido adiante, a "flexibilidade" das atribuições dos cargos da citada carreira compelem os servidores a constantes e infindáveis alterações do seu regime funcional.

2.2.2 Atribuições dos cargos da Carreira de Auditoria da Receita Federal e o princípio da legalidade administrativa

O princípio da reserva legal em matéria de definição das atribuições aos cargos públicos, decorre, notadamente, do art. 48, X,[49] e do art. 37, II,[50] da Constituição da República.

A doutrina brasileira, ao tratar do conceito de cargo público, cuida de defini-lo com referência a sua necessidade de criação por lei, como o faz Odete Medauar "[...] cargo público é um conjunto de atribuições e responsabilidade, *criado por lei*".[51] Para Justen Filho "Isso significa estabelecer o núcleo das competências, dos poderes, dos deveres, dos direitos, do modo de investidura e das condições de exercício das atividades".[52]

Não é juridicamente possível, portanto, que a lei estabeleça, de modo simplista, que "fica criado o cargo de servidor público",

---

[49] "Art. 48. Cabe ao Congresso Nacional, com a sanção do Presidente da República, não exigida esta para o especificado nos arts. 49, 51 e 52, dispor sobre todas as matérias de competência da União, especialmente sobre: [...] X - criação, transformação e extinção de cargos, empregos e funções públicas, observado o que estabelece o art. 84, VI, b; (Redação dada pela Emenda Constitucional nº 32, de 2001)".

[50] "Art. 37. [...] II - A investidura em cargo ou emprego público depende de aprovação prévia em concurso público de provas ou de provas e títulos, de acordo com a natureza e a complexidade do cargo ou emprego, na forma prevista em lei, ressalvadas as nomeações para cargo em comissão declarado em lei de livre nomeação e exoneração."

[51] MEDAUAR, Odete. *Direito administrativo moderno*. 7. ed. São Paulo: Revista dos Tribunais, 2004. p. 290.

[52] JUSTEN FILHO, Marçal. *Curso de direito administrativo*. 7. ed. Belo Horizonte: Fórum, 2011. p. 848.

permitindo com que instrumentos normativos infralegais — notadamente o regulamento — estabeleçam as atribuições dos mesmos.

Assim, a criação e a disciplina do cargo público fazem-se necessariamente por lei, que deverá contemplar a disciplina essencial e indispensável para o seu exercício e para que a fluidez das atribuições, deixada ao alvedrio da Administração, não represente também a burla ao concurso público.

Há precedentes vetustos, no Supremo Tribunal Federal, todos no sentido de vedar ao Poder Legislativo a deletéria prática de delegação do poder de fixar as atribuições mínimas do cargo, a saber: "Delegação de poderes. Criação de cargos públicos, fixação de atribuições e vencimentos: é atribuição do legislativo que não pode ser delegada ao Executivo".[53]

Mais recentemente, a Corte Suprema, no voto proferido pela Ministra Cármen Lúcia na ADI nº 4.125/2010, afirmou a necessidade de descrição das atribuições dos cargos na sua própria lei de criação. Na análise do caso, ficou consignado que:

> A delegação de poderes ao Governador para, mediante decreto, dispor sobre "as competências, as atribuições, as denominações das unidades setoriais e as especificações dos cargos, bem como a organização e reorganização administrativa do Estado", é inconstitucional porque permite, em última análise, sejam criados novos cargos sem a aprovação de lei.[54]

A previsão legal dos cargos e de suas atribuições, segundo Marçal Justen Filho, "[...] não significa a impossibilidade de *disciplina complementar* por meio de regulamento administrativo"[55] (grifos nossos).

---

[53] BRASIL. Supremo Tribunal Federal. RMS nº 3.569, Pleno. Rel. Min. Lafayette de Andrada. *DJ*, 16 nov. 1956.

[54] BRASIL. Supremo Tribunal Federal. ADI nº 4.125, Pleno. Rel. Min. Cármen Lúcia. Julg. 10.06.2010. *DJe*, 15 fev. 2011.

[55] JUSTEN FILHO. *Curso de direito administrativo*, p. 848.

Ivan Barbosa Rigolin, neste sentido, explicita as razões de ordem administrativa para justificar a edição de normas infralegais em matéria de cargo público, a saber:

As atribuições dos cargos públicos, por seu turno, parece demasiado que figurem na própria lei que os cria ou (re)organiza, porque são mutáveis por excelência e a sua figuração na lei soleniza e dificulta exageradamente a sua alterabilidade [...]. O que se recomenda é a utilização de um ato infralegal regulamentar (decreto, ato da mesa, ou da direção, ato da presidência ou o que mais for, conforme seja a entidade).[56]

O regulamento, conforme lição de Celso Antônio Bandeira de Mello é o "[...] ato geral e (de regra) abstrato, de competência privativa do Chefe do Poder Executivo, expedido com a estrita finalidade de *produzir as disposições operacionais uniformizadoras necessárias à execução de lei*"[57] (grifos nossos).

Da doutrina especializada extrai-se a conclusão de que o regulamento pode tratar de esmiuçar as atribuições dos cargos, para dar fiel execução à lei, sem, contudo, inovar a ordem jurídica.

Os ANEXOS D e E deste parecer apresentam excertos das normas jurídicas que definem as atribuições privativas e concorrentes dos cargos da Carreira de Auditoria da Receita Federal, a saber: Auditor-Fiscal da Receita Federal e Analista-Tributário da Receita Federal – Lei nº 10.593, de 06 de dezembro de 2002 (alterada pela Lei nº 11.457, de 16 de março de 2007) e Decreto nº 6.641, de 10 de novembro de 2008.

Quanto à distribuição das atribuições aos respectivos cargos, a Lei nº 10.593/2002 e o Decreto nº 6.641/2008 utilizaram-se da seguinte sistemática: (a) atribuições privativas; (b) atribuições concorrentes; (c) atribuições decorrentes das atividades inerentes

---

[56] RIGOLIN, Ivan Barbosa. Cargos públicos. *Fórum Administrativo – FA*, Belo Horizonte, ano 11, n. 126, ago. 2011.
[57] BANDEIRA DE MELLO. *Curso de direito administrativo.*

à competência da Secretaria da RFB (que podem ser privativas ou concorrentes) e (d) atribuições inespecíficas da Carreira de Auditoria da Receita Federal do Brasil.

As atribuições privativas foram definidas no art. 6º da Lei nº 10.593/2002, para o cargo de Auditor-Fiscal da Receita Federal e no art. 6º, §2º, para o cargo de Analista-Tributário da Receita Federal. Por força do art. 6º, §1º, da Lei nº 10.593/2002 também é possível definir como competência privativa do cargo de Auditor-Fiscal da Receita Federal "[...] as demais atribuições decorrentes das atividades inerentes à competência da Secretaria da RFB".

As atribuições concorrentes foram previstas no art. 6º, II e §2º, III, Lei nº 10.593/2002 e arts. 4º e 5º do Decreto nº 6.641/2008. No âmbito da citada lei, as atribuições decorrentes das atividades inerentes à competência da Secretaria da RFB apenas poderão ser consideradas atribuições concorrentes para o cargo de Analista-Tributário, caso não tenham sido cometidas, em caráter privativo, ao cargo de Auditor-Fiscal pelo Poder Executivo, conforme previsto no art. 6º, §1º, da Lei nº 10.593/2002.

Considerando o que foi desenvolvido no item 2.1 deste Parecer, as atribuições decorrentes das atividades inerentes à competência da Secretaria da RFB que, como visto anteriormente, podem ser privativas ou concorrentes, são todas aquelas previstas nos arts. 15 a 20 do Decreto nº 7.482, de 16 de maio de 2011, enumeradas no ANEXO B.

Por fim, também foram definidas como atribuições dos cargos de Auditor-Fiscal e Analista-Tributário pelo Decreto nº 6.641/2008, atribuições inespecíficas da Carreira de Auditoria da Receita Federal do Brasil. Estas atribuições são as únicas integralmente concorrentes, pois não podem ser acometidas, em caráter privativo, ao cargo de Auditor-Fiscal, como ocorre com as competências concorrentes e com as atribuições decorrentes das atividades inerentes à competência da Secretaria da RFB.

Feitas essas considerações, algumas observações de natureza legal são importantes quanto a sistemática de atribuição de competências dos cargos da Carreira de Auditoria da Receita Federal do Brasil, visto que esta incorre em algumas ilegalidades.

A primeira diz respeito ao fato de que as atribuições decorrentes das atividades inerentes à competência da RFB (Decreto nº 7.482/2011) são extensas e bem mais específicas do que as previstas na lei que instituiu os cargos e que deveria ser o principal diploma legal a definir as atribuições dos cargos.

A segunda refere-se ao fato de que o Decreto nº 7.482, de 16 de maio de 2011, que estabeleceu as atividades da Receita Federal do Brasil, não pode ser considerado regulamento a dar fiel execução à Lei nº 10.593/2002. Afigura-se, pois, ilegal, que as atribuições dos cargos públicos seja estabelecida por regulamento que trata da competência do órgão administrativo, por violação ao art. 48, X e art. 37, II da CR/1988. A ilegalidade, se levarmos em consideração o voto proferido pela Ministra Carmen Lúcia na ADI nº 4.125/2010, estaria na redação do art. 6º, §1º, da Lei nº 10.593/2002, que permitiu que aos cargos da Carreira de Auditor da Receita Federal do Brasil "[...] exercerem as demais atividades inerentes à competência da Secretaria da Receita Federal do Brasil". Nesta senda, torna-se ilegal acometer tais competências, seja de forma concorrente ou de forma privativa aos cargos da carreira de Auditoria.

O Decreto nº 6.641/2008, que incluiu no rol de competências dos cargos "atribuições inespecíficas" da Carreira de Auditoria da Receita Federal do Brasil o fez de forma imprópria, ao inovar a ordem jurídica, visto que seu escopo seria dar fiel execução à lei, nos termos do art. 84, IV, da CR/1988, além de praticamente transcrever o conteúdo da Lei nº 10.593/2002.

O ANEXO F deste Parecer, ao apresentar o quadro comparativo das atribuições dos citados cargos, também permitiu observar outras constatações e irregularidades. A primeira delas é o desequilíbrio na distribuição de atribuições entre os cargos de Auditor-Fiscal e de Analista-Tributário, pois boa parte destas atribuições ou já são privativas do cargo de Auditor-Fiscal ou, se concorrentes, podem ser cometidas ao cargo Auditor-Fiscal, por força do previsto no art. 6º, §1º, da Lei nº 10.593/2002.

A análise comparativa das atribuições permitiu ainda constatar que as atribuições privativas do cargo de Analista-Tributário, além de residuais, são vagas, imprecisas e se sobrepõem às do cargo de Auditor-Fiscal, notadamente no âmbito da prática de atos em processos administrativos, por força do previsto no art. 6º, §2º, I, da Lei nº 10.593/2002. A sobreposição de atribuições é evidente devido ao fato do Analista-Tributário atuar no exame de matérias e processos administrativos, que não digam respeito à decisão. Assim, a atribuição do cargo não é pré-estabelecida na legislação, como exige a Constituição da República, mas depende de como for estabelecida na prática administrativa.

As atribuições, como dito, são vagas, por que cabe ao Analista-Tributário, privativamente, por força do art. 6º, §2º, I, da Lei nº 10.593/2002 "[...] exercer *atividades de natureza técnica, acessórias ou preparatórias* ao exercício das atribuições privativas dos Auditores-Fiscais". Atividade técnica, segundo o *Dicionário Houaiss da língua portuguesa*,[58] é "[...] relativo ou peculiar a uma arte, profissão, ofício ou ciência" e neste caso, estar-se-á, novamente, diante de uma sobreposição de atribuições entre estes dois cargos, pois é indubitável que o cargo de Auditor-Fiscal também exerce atribuições de natureza técnica, tendo em vista a formação exigida, de nível superior, para ingresso em ambos os cargos.

Os conceitos semânticos de atividade "acessória"[59] e "preparatória"[60] igualmente não contribuem para definir quais as atividades devem ser desempenhadas pelos ocupantes do cargo

---

[58] Rio de Janeiro: Objetiva, 2001.

[59] "Acessório: 1 que se junta ao principal; suplementar, adicional, anexo; 2 que tem importância menor, secundário, dispensável; 3 Aquilo que se junta ao principal, sem lhe ser essencial; detalhe, complemento, achega" (*Dicionário Houaiss da língua portuguesa*).

[60] "Preparatório: que prepara, que serve para preparar, preparativo, preliminar" (*Dicionário Houaiss da língua portuguesa*).

de Analista-Tributário. Neste sentido, o decreto regulamentar é que deveria esclarecer, "para fiel execução da lei", o que pode ser minimamente entendido como atividade de natureza "acessória" e "preparatória", por se tratar de conceito jurídico indeterminado. Os problemas da legislação vigente também aparecem quando, cotejada com os conceitos jurídicos técnico-administrativos apresentados acerca de cargo, carreira e natureza jurídica do regime jurídico do servidor estatutário, não contém atribuições e responsabilidades específicas. Ao contrário, como demonstra o ANEXO F, há generalidade da descrição das atribuições e a assunção de tarefas por servidores tanto do cargo de Auditor-Fiscal quanto de Analista-Tributário. Tal fato pode ensejar processos por desvio de função, notadamente em relação ao cargo de Auditor-Fiscal, como apontou a inspeção realizada pelo TCU e que resultou na expedição do Acórdão 503/2008,[61] como será visto a seguir.

José dos Santos Carvalho Filho, sobre a questão, informa, acertadamente, que "O cargo, ao ser criado, já pressupõe as funções que lhe são atribuídas. Não pode ser instituído cargo com funções aleatórias ou indefinidas: é a prévia indicação das funções que confere garantia ao servidor e ao Poder Público".[62]

Em que pese manter a estrutura da carreira com "cargos distintos" a análise da normatização editada na gestão de pessoas (sobretudo em nível regulamentar), atua com a noção de "cargo amplo", com atribuições gerais, sem especificações precisas e "[...] sem a fundamentação técnica que hoje caracteriza sua concepção e orienta sua aplicação".[63]

Tal prática administrativa gera os problemas de desvios de função que serão assinalados e apontados adiante.

---

[61] TCU. Acórdão nº 503/2008, 1ª Câmara. Disponível em: <http://www.tcu.gov.br>.
[62] CARVALHO FILHO, José dos Santos. Manual de direito administrativo. 21. ed. Rio de Janeiro: Lumen Juris, 2009. p. 581.
[63] FUNDAÇÃO GETULIO VARGAS, op. cit., p. 130.

Com a unificação dos órgãos de arrecadação e a formação da Secretaria da Receita Federal poderia ter havido a transformação dos cargos e a simbiose completa das atribuições na previsão de "cargo amplo". Não foi esta, entretanto, a opção do órgão de Administração Tributária Federal.

Se o sistema remuneratório dos servidores é definido mediante os critérios do art. 39, §1º,[64] da CR/1988 é imperiosa a descrição da natureza, do grau de responsabilidade e da complexidade dos cargos componentes da carreira específica da Administração Tributária federal.

Diversa não foi a conclusão do TCU no relatório de inspeção que trata do monitoramento de determinações do Acórdão nº 503/2008 (TC 008.889/2008-2), segundo o qual, mesmo tendo sido editado o Decreto nº 6.641/2008 para solucionar os problemas de desvio de função na Receita Federal do Brasil, o problema não foi saneado. Nesse sentido, "[...] segundo a COAEF o cerne da questão estaria no detalhamento das atividades que seriam típicas da Administração Tributária e, consequentemente, estariam alcançadas pelo disposto no art. 37, XXII, da Constituição Federal, que vincula seu exercício às carreiras específicas".[65]

O TCU exarou, ainda, várias observações sobre o problema da ausência de especificações das atividades a serem exercidas pelos servidores detentores dos cargos de provimento efetivo

---

[64] "Art. 39. A União, os Estados, o Distrito Federal e os Municípios instituirão conselho de política de administração e remuneração de pessoal, integrado por servidores designados pelos respectivos Poderes.
§1º A fixação dos padrões de vencimento e dos demais componentes do sistema remuneratório observará: (Redação dada pela Emenda Constitucional nº 19, de 1998)
I - a natureza, o grau de responsabilidade e a complexidade dos cargos componentes de cada carreira; (Incluído pela Emenda Constitucional nº 19, de 1998)
II - os requisitos para a investidura; (Incluído pela Emenda Constitucional nº 19, de 1998)
III - as peculiaridades dos cargos. (Incluído pela Emenda Constitucional nº 19, de 1998)"

[65] BRASIL. Tribunal de Contas da União. TC 008.889/2008-2. Disponível em: <http://www.tcu.gov.br>. Acesso em: 02 ago. 2011.

das carreiras específicas da RFB e que certamente servirão para orientar a reforma da legislação sobre o assunto.[66] Conclui-se, assim, que também são ilegais o cometimento de atribuições aos cargos da carreira de Auditoria da RFB, definidas em instrumentos normativos infra-regulamentares (tais como portarias, instruções entre outros expedientes utilizados para descrever atribuições dos servidores públicos). O que tais instrumentos poderiam fazer — e isso caberia a análise, caso a caso, de cada instrumento editado — seria o mero e simples esclarecimento e detalhamento da lei e do regulamento. Atenção deve ser dada, na sistemática de trabalho informatizado, hoje adotada na RFB e em toda a administração pública, na expedição das portarias de perfis para acesso aos sistemas informatizados, havendo necessidade de compatibilizar dos "sistemas de perfis" na informatização da RFB com as competências dos órgãos administrativos e atribuições dos cargos da carreira de Auditoria da RFB.

Além destes apontamentos, cabe a ponderação lúcida de Roberto Sorbilli Filho, para quem:

> [...] além do suporte legal, só devem ser admitidas alterações no regime de trabalho dos servidores públicos quando se tenha por objetivo o aperfeiçoamento das relações de trabalho, seja para torná-las mais compatíveis com os fins que presidem a atuação estatal, seja para preservar as condições que assegurem ao trabalhador o direito a uma vida digna e o respeito à sua individualidade.[67]

---

[66] Nos termos do Acórdão TC 008.889/2008-2: "Entende-se que uma solução mais efetiva do problema passa necessariamente por rever as atribuições e atividades inerentes aos diversos cargos dos órgãos do MF, como mencionado pela COAEF, juntamente com uma melhor adequação do quantitativo da força de trabalho. [...] Conclui-se que esta medida [edição do Decreto nº 6.641/2008] tem efeito mitigador menor que a medida anterior sobre a questão da existência de desvio de função, necessitando de aperfeiçoamentos no sentido de rever com maior precisão as atribuições dos cargos da Carreira de Auditoria da Receita Federal do Brasil – RFB".

[67] SORBILLI FILHO. A alteração unilateral das normas do regime de trabalho com o Estado. In: FORTINI (Org.). Servidor público: estudos em homenagem ao Professor Pedro Paulo de Almeida Dutra, p. 402.

As consequências da ilegalidade nos mecanismos de definição das atribuições dos cargos da carreira de Auditoria da RFB serão objeto de aprofundamento, a seguir, sobre o fenômeno do desvio de função.

2.3 Desvio de função

O problema do desvio de função em órgãos do Ministério da Fazenda, como assinalou o Tribunal de Contas da União "[...] não é recente, pois já existe há mais de vinte anos. Isso dificulta a adoção de providências de efeito mais rápido, com a necessidade de maior tempo para a solução definitiva da questão".[68]

No caso específico da carreira de Auditoria da Receita Federal do Brasil, o Poder Judiciário Federal ora tem reconhecido e autorizado o pagamento das diferenças de vencimentos quando detectado o desvio de função, ora não tem dado provimento aos pedidos formulados, como será visto a seguir.

2.3.1 Desvios de função reconhecidos pelo Poder Judiciário Federal

O principal argumento apresentado nas decisões analisadas para o reconhecimento do direito ao recebimento das diferenças encontra-se na Súmula nº 378 do STJ[69] mesmo tendo sido assentada pelo Supremo Tribunal Federal, após a Constituição Federal de 1988, a vedação ao provimento em cargo diverso daquele para o qual o candidato prestou concurso inicial. Tal entendimento visa evitar o locupletamento indevido da Administração Pública.

---

[68] BRASIL. Tribunal de Contas da União. Acórdão TC 008.889/2008-2. Disponível em: <http://www.tcu.gov.br>.

[69] "Reconhecido o desvio de função, o servidor faz jus às diferenças salariais decorrentes" (05.05.2009).

Nos termos da Decisão proferida pelo TRF da 5ª Região em ação que teve por objeto o pagamento de diferenças de vencimentos em face do desvio de função[70] também argumentou-se, em favor do exercício deste direito, que:

- deve ser afastado qualquer argumento de que o deferimento desta pretensão incorreria em infringência ao art. 37, inciso XIII, da CF/88, seja em sua redação original,[71] seja com a alteração trazida com a EC nº 19/1998,[72] porque não se discute, no caso de desvio de função, equiparação salarial, mas sim indenização remuneratória enquanto perdurar a situação;

- não se aplica nas hipóteses de desvio de função o verbete sumulado de nº 339 do STF,[73] posto que não se pretende estabelecer vencimentos. Não se cuida, portanto, de vinculação ou equiparação de espécies remuneratórias, mas, sim, de ajuste no enquadramento das tarefas exercidas, em determinado período, que se realiza em cargo indevido, sendo cabível a retificação pecuniária do mesmo.

- a negativa de retribuição financeira, pelo exercício de funções de maior valia que as do cargo efetivo ocupado pelo servidor público, incorreria em enriquecimento sem causa por parte da Administração Pública que, em situação que não ficou evidenciada como emergencial,

---

[70] Os autores, na qualidade de agentes administrativos e de vigilância, desempenharam atividades inerentes aos cargos de Auditor-Fiscal da Receita Federal e de Técnico da Receita Federal.

[71] "Art. 37. [...] XIII - é vedada a vinculação ou equiparação de vencimentos, para o efeito de remuneração de pessoal do serviço público, ressalvado o disposto no inciso anterior e no art. 39, §1º."

[72] "Art. 37. [...] XIII - é vedada a vinculação ou equiparação de quaisquer espécies remuneratórias para o efeito de remuneração de pessoal do serviço público; (Redação dada pela Emenda Constitucional nº 19, de 1998)"

[73] Não cabe ao Poder Judiciário, que não tem função legislativa, aumentar vencimentos de servidores públicos sob fundamento de isonomia.

já que perdurou por vários anos, locupletou-se de forma gratuita dos serviços funcionais do embargante.[74] Na Apelação Cível nº 200551010010617, foi reconhecido que as atividades dos então Auxiliares de Vigilância e Repressão (AVR) confundem-se com as dos Técnicos da Receita Federal, à época denominados Técnicos do Tesouro Nacional, que, até hoje, de acordo com o §2º, do art. 6º da Medida Provisória nº 1.971-10, de 06 de abril de 2000, têm por atribuição "[...] auxiliar o Auditor Fiscal da Receita Federal no exercício de suas atribuições" (Parecer PGFN/CJU/Nº 696/2000).[75]

Ainda de acordo com a decisão supra citada, é preciso demonstrar, nas hipóteses de desvio de função, a necessidade do serviço público na realização da atribuição desempenhada. Conforme expresso no voto do Eminente Relator, "se a prestação foi realizada é porque era necessária ao serviço público".[76]

2.3.2 Desvios de função não reconhecidos pelo Poder Judiciário Federal

Em diversos processos judiciais em que agentes administrativos, lotados na Receita Federal, postularam o reconhecimento do desvio de função e o pagamento das diferenças remuneratórias correspondentes ao cargo de Auditor-Fiscal da Receita Federal ou de Técnico da Receita Federal, os pedidos

---

[74] Ementa: "Administrativo. Servidor público. Desvio de função. Indenização remuneratória. Cabimento" (BRASIL. Tribunal Regional Federal da 5ª Região. Apelação Cível nº 200484000025156, 1ª Turma. Rel. Des. Federal Paulo Machado Cordeiro. Julg. 05.04.2010. Publ. 28.04.2010. Disponível em: <http://www.trf5.jus.br>).

[75] Ementa: "Processual Civil – Administrativo – Servidor público – Desvio de função – Reconhecimento expresso da Administração – Funções do Auxiliar de Vigilância e Repressão – Equivalência com as funções de Técnico da Receita Federal – Possibilidade de pagamento de valores em decorrência de ocupar emprego público antigo e ser detentor de cargo público efetivo novo" (BRASIL. Tribunal Regional Federal da 2ª Região. Apelação Cível nº 200551010010617, 6ª Turma. Rel. Des. Federal Frederico Gueiros. Julg. 22.09.2008. Publ. 02.10.2008. Disponível em: <http://www.trf2.jus.br>).

[76] Idem.

foram indeferidos. As justificativas apresentadas para o não deferimento dos pedidos referem-se a: (a) natureza da tarefa exercida — que não ficou caracterizada como desvio de função; (b) questões de natureza probatória (insuficiência de provas); (c) não cabimento do desvio de função e responsabilidade do servidor no desempenho de outras tarefas não inerentes ao cargo.

a) Quanto à natureza da tarefa, não foram reconhecidos como desvio de função as seguintes situações:

1. Quando as tarefas desempenhadas envolvem a prática de atividades típicas de apoio, através de consultas, movimentação, envio de cartas e abertura de processos.[77][78][79][80]

2. Quando as tarefas não indicam conteúdo decisório ou a assunção de responsabilidades inerentes à fiscalização tributária, nos termos do art. 6º da Lei nº 10.593/2002.[81]

3. Quando as atividades desempenhadas eram de natureza meramente burocrática (movimentação de processos entre órgãos da Administração Federal, preenchimento de cadastros,

---

[77] Ementa: "Administrativo. Desvio de função não comprovado" (BRASIL. Tribunal Regional Federal da 2ª Região. Apelação Cível nº 200650010001667, 6ª Turma. Rel. Des. Federal Guilherme Couto. Julg. 05.04.2010. Publ. 28.04.2010. Disponível em: <http://www.trf2.jus.br>).

[78] Ementa: "Constitucional e Administrativo. Servidor público. Desvio de função. Ausência de comprovação. Percepção de diferenças salariais. Descabimento" (BRASIL. Tribunal Regional Federal da 2ª Região. Apelação Cível nº 200451010237401, 5ª Turma. Rel. Des. Federal Luiz Paulo S. Araujo Filho. Julg. 02.06.2010. Publ. 05.07.2010. Disponível em: <http://www.trf2.jus.br>).

[79] Ementa: "Constitucional e Administrativo. Servidor público. Desvio de função. Ausência de comprovação. Provas pericial e testemunhal. Desnecessidade. Percepção de diferenças salariais. Descabimento" (BRASIL. Tribunal Regional Federal da 2ª Região. Apelação Cível nº 200550010067984, 5ª Turma. Rel. Des. Federal Luiz Paulo S. Araujo Filho. Julg. 02.06.2010. Publ. 24.06.2010. Disponível em: <http://www.trf2.jus.br>).

[80] Ementa: "Administrativo. Desvio de função não comprovado" (BRASIL. Tribunal Regional Federal da 2ª Região. Apelação Cível nº 200650010001667, 6ª Turma. Rel. Des. Federal Guilherme Couto. Julg. 05.04.2010. Publ. 28.04.2010. Disponível em: <http://www.trf2.jus.br>).

[81] *Idem.*

consultas ao sistema de informática, e outras tarefas de igual natureza), que não são inerentes ao cargo de Técnico da Receita Federal.[82]

4. O acesso a informações sigilosas, através do banco de dados da Receita Federal, não denota desvio de função (*ex vi* dos artigos 198 do CTN e 116, VIII, da Lei nº 8.112/90).[83] [84] [85] Em alguns casos entendeu-se, inclusive, que "[...] o dever de sigilo sobre as informações obtidas em razão do cargo é inerente ao serviço público (art. 116, VIII, da Lei nº 8.112/90) e o servidor não faz jus a qualquer indenização a este título".[86]

5. O fato de o servidor ter ingressado nos quadros da Receita Federal em virtude de remoção de outro órgão ou Ministério não influi no desvio de função, pois este submete-se tal qual os

---

[82] Ementa: "Administrativo – Servidor público – Agente administrativo – Receita Federal – Equiparação com técnico – Correlação de atribuições dos cargos – Não comprovação" (BRASIL. Tribunal Regional Federal da 2ª Região. Apelação Cível nº 200050010077542, 8ª Turma. Rel. Des. Federal Poul Erik Dyrlund. Julg. 24.08.2010. Publ. 31.08.2010. Disponível em: <http://www.trf2.jus.br>).

[83] Ementa: "Constitucional e Administrativo. Servidor público. Desvio de função. Ausência de comprovação. Provas pericial e testemunhal. Desnecessidade. Percepção de diferenças salariais. Descabimento" (BRASIL. Tribunal Regional Federal da 2ª Região. Apelação Cível nº 200550010067984, 5ª Turma. Rel. Des. Federal Luiz Paulo S. Araujo Filho. Julg. 02.06.2010. Publ. 24.06.2010. Disponível em: <http://www.trf2.jus.br>).

[84] Ementa: "Constitucional e Administrativo. Servidor público. Desvio de função. Ausência de comprovação. Provas pericial e testemunhal. Desnecessidade. Percepção de diferenças salariais. Descabimento" (BRASIL. Tribunal Regional Federal da 2ª Região. Apelação Cível nº 200550010067984, 5ª Turma. Rel. Des. Federal Luiz Paulo S. Araujo Filho. Julg. 02.06.2010. Publ. 24.06.2010. Disponível em: <http://www.trf2.jus.br>).

[85] Ementa: "Administrativo. Desvio de função não comprovado" (BRASIL. Tribunal Regional Federal da 2ª Região. Apelação Cível nº 200650010001667, 6ª Turma. Rel. Des. Federal Guilherme Couto. Julg. 05.04.2010. Publ. 28.04.2010. Disponível em: <http://www.trf2.jus.br>).

[86] Ementa: "Administrativo. Desvio de função não comprovado" (BRASIL. Tribunal Regional Federal da 2ª Região. Apelação Cível nº 200650010001667, 6ª Turma. Rel. Des. Federal Guilherme Couto. Julg. 05.04.2010. Publ. 28.04.2010. Disponível em: <http://www.trf2.jus.br>).

demais servidores à legislação que disciplina as atividades nele desenvolvidas, independente do cargo que exerça.[87]

6. O acesso de agente administrativo aos sistemas informatizados da Receita Federal e atendimento ao público não faz com que ele exerça atividades de Técnico. Para que restasse provado esse desvio de função, teria que se demonstrar o exercício efetivo das atividades de auxílio à atividade-fim do Auditor Fiscal, no âmbito da Receita Federal.[88]

7. A prática de determinada atribuição inerente a cargo diverso daquele para o qual o servidor foi investido ou, de um conjunto delas, não implica, necessariamente, em desvio de função, impondo-se que tal prática ocorra com habitualidade, fato este que tem ocorrido frequentemente no âmbito da RFB, como apontou o Tribunal de Contas da União no Acórdão TC 008.889/2008-2.[89] Nesse sentido decidiu-se que "[...] as portarias e ordens de serviço expedidas para designação do demandante para exercer atividades de chefia, tratavam de designações esporádicas, restando prejudicada a alegação de que o requerente foi desviado de sua função de modo permanente".[90]

---

[87] Ementa: "Constitucional e Administrativo. Servidor público. Desvio de função. Ausência de comprovação. Provas pericial e testemunhal. Desnecessidade. Percepção de diferenças salariais. Descabimento" (BRASIL. Tribunal Regional Federal da 2ª Região. Apelação Cível nº 200550010067984, 5ª Turma. Rel. Des. Federal Luiz Paulo S. Araujo Filho. Julg. 02.06.2010. Publ. 24.06.2010. Disponível em: <http://www.trf2.jus.br>).

[88] Ementa: "Administrativo. Servidor público. Desvio de função. Agente administrativo. Técnico da receita federal. Ausência de provas adequadas do alegado desvio de função" (BRASIL. Tribunal Regional Federal da 5ª Região. Apelação Cível nº 200684000066532, 1ª Turma. Rel. Des. Federal José Maria Lucena. Julg. 16.09.2010. Publ. 23.09.2010. Disponível em: <http://www.trf5.jus.br>).

[89] Ementa: "Administrativo. Servidor público. Desvio de função. Agente administrativo. Técnico da receita federal. Diferenças salariais. Indenização" (BRASIL. Tribunal Regional Federal da 5ª Região. Apelação Cível nº 200581000065826, 4ª Turma. Rel. Des. Federal Emiliano Zapata Leitão. Julg. 14.09.2010. Publ. 16.09.2010. Disponível em: <http://www.trf5.jus.br>).

[90] Ementa: "Administrativo. Servidor público. Desvio de função. Agente administrativo. Técnico da receita federal. Diferenças salariais. Indenização" (BRASIL. Tribunal

8. As atividades desempenhadas pelo agente administrativo não coincidem com aquelas privativas de Técnico da Receita Federal.[91] No mesmo sentido, em outro julgado, entendeu-se que:

> [...] apesar de demonstrado que a autora desempenhou certo número de funções inerentes ao cargo técnico não restou evidenciado que tal exercício se deu em grau suficiente para ser considerada uma atuação equiparável à desempenhada pelos técnicos da Receita Federal. [...] não restou devidamente comprovado o nível de semelhança entre as funções desempenhadas pela postulante e as dos ocupantes de cargo técnico.[92]

b) Quanto às questões probatórias levantadas nos processos de desvio de função, grande parte das decisões que negam o exercício do direito baseou-se nos seguintes argumentos e alegações:
1. Na ausência de comprovação quanto aos fatos constitutivos do desvio de função ou de que as provas documentais colacionadas não comprovaram as alegações;[93] [94]

Regional Federal da 5ª Região. Apelação Cível nº 200581000065826, 4ª Turma. Rel. Des. Federal Emiliano Zapata Leitão. Julg. 14.09.2010. Publ. 16.09.2010. Disponível em: <http://www.trf5.jus.br>).

[91] *Idem.*

[92] Ementa: "Administrativo. Servidor público. Técnico da Receita Federal. Desvio de função. Diferenças salariais. Reconhecimento do direito à indenização pelo eg. Supremo Tribunal Federal. Ausência de comprovação dos fatos alegados. Descabimento" (BRASIL. Tribunal Regional Federal da 5ª Região. Apelação Cível nº 200680000070319, 1ª Turma. Rel. Des. Federal José Maria Lucena. Julg. 02.09.2010. Publ. 15.09.2010. Disponível em: <http://www.trf5.jus.br>).

[93] Ementa: "Constitucional e administrativo. Servidor público. Desvio de função. Ausência de comprovação" (BRASIL. Tribunal Regional Federal da 2ª Região. Apelação Cível nº 200550020012621, 5ª Turma. Rel. Des. Federal Luiz Paulo S. Araujo Filho. Julg. 30.06.2010. Publ. 30.11.2005. Disponível em: <http://www.trf2.jus.br>).

[94] Ementa: "Administrativo. Servidor público. Desvio de função. Agente administrativo. Técnico da Receita Federal. Ausência de provas adequadas do alegado desvio de função" (BRASIL. Tribunal Regional Federal da 5ª Região. Apelação Cível nº 200684000066532, 1ª Turma. Rel. Des. Federal José Maria Lucena. Julg. 16.09.2010. Publ. 23.09.2010. Disponível em: <http://www.trf5.jus.br>).

2. No fato de que "[...] os depoimentos prestados pelas testemunhas, ex-colegas do autor, na audiência de instrução e julgamento, não caracterizaram o alegado desvio de função, ou seja, que o autor teria desempenhado tarefas específicas de Auditor Fiscal ou Técnico da Receita Federal".[95]

3. A prova exclusivamente testemunhal não é suficiente ao reconhecimento do direito, sendo necessário que venha acompanhada de prova material.[96]

4. A prova nos autos deve ser irrefutável, pois houve casos em que, mesmo tendo sido provada a realização das atividades de outro cargo, ou seja, o alegado desvio de função, deve haver a assunção completa das atividades do outro cargo. Veja-se o caso da AC nº 200650010001643, julgada pelo TRF da 2ª Região. Nos termos do voto do Des. Relator, "Ainda que o autor, em alguns momentos, tenha exercido uma ou outra das atividades compreendidas dentre as inúmeras atividades do cargo de 'Técnico da Receita Federal', inclusive o acesso ao sistema de informações da Receita Federal, não há, nos autos, demonstração efetiva que ele tenha exercido todo o conjunto de atribuições delegadas ao referido cargo".[97]

5. Desnecessárias as provas pericial e testemunhal, na medida em que, ainda que comprovadas as alegações do autor

---

[95] Ementa: "Administrativo – Servidor público – Agente administrativo – Receita Federal – Equiparação com técnico – Correlação de atribuições dos cargos – Não comprovação" (BRASIL. Tribunal Regional Federal da 2ª Região. Apelação Cível nº 200050010077542, 8ª Turma. Rel. Des. Federal Poul Erik Dyrlund. Julg. 24.08.2010. Publ. 31.08.2010. Disponível em: <http://www.trf2.jus.br>).

[96] Ementa: "Constitucional e administrativo. Servidor público. Desvio de função. Ausência de comprovação" (BRASIL. Tribunal Regional Federal da 2ª Região. Apelação Cível nº 200550020012621, 5ª Turma. Rel. Des. Federal Luiz Paulo S. Araujo Filho. Julg. 30.06.2010. Publ. 30.11.2005. Disponível em: <http://www.trf2.jus.br>).

[97] Ementa: "Administrativo – Servidor público – Desvio de função – Ausência de comprovação" (BRASIL. Tribunal Regional Federal da 2ª Região. Apelação Cível nº 200650010001643, 7ª Turma. Rel. Des. Federal Reis Friede. Julg. 30.06.2010. Publ. 07.07.2010. Disponível em: <http://www.trf2.jus.br>).

na inicial, não seriam elas suficientes a que se concluísse pela configuração do alegado desvio de função.[98]

6. Provas documentais: a juntada de extratos de diversos sistemas de informação da Secretaria da Receita Federal são insuficientes para a comprovação do exercício por parte dele das atividades tidas por atípicas ao seu cargo de Agente Administrativo, bem como a habitualidade com que, supostamente, seriam realizadas.[99]

c) *Quanto ao não cabimento do desvio de função e responsabilidade do servidor no desempenho de outras tarefas não inerentes ao cargo, tem-se o seguinte julgado, reproduzido em outras ocasiões pelos TRFs, a saber:*

> No caso do servidor estatutário, um eventual reconhecimento do direito às verbas decorrentes do desvio de função implicaria em violação não apenas do art. 37, inc. II, da CF, como também das regras constitucionais relativas às formas de provimento e criação de remuneração e de cargos públicos. [...] Se os servidores aceitaram exercer funções alheias a seus cargos, incorreram em conduta irregular, como igualmente irregular foi a posição de seus superiores em autorizarem tal desvio funcional ilegítimo. Sendo assim, imperiosa é, isto sim, a apuração das irregularidades apontadas para fins de identificação da responsabilidade administrativa.[100]

---

[98] Ementa: "Constitucional e Administrativo. Servidor público. Desvio de função. Ausência de comprovação. Provas pericial e testemunhal. Desnecessidade. Percepção de diferenças salariais. Descabimento" (BRASIL. Tribunal Regional Federal da 2ª Região. Apelação Cível nº 200550010067984, 5ª Turma. Rel. Des. Federal Luiz Paulo S. Araujo Filho. Julg. 02.06.2010. Publ. 24.06.2010. Disponível em: <http://www.trf2.jus.br>).

[99] Ementa: "Administrativo. Servidor público. Desvio de função. Agente administrativo. Técnico da Receita Federal. Diferenças salariais. Indenização" (BRASIL. Tribunal Regional Federal da 5ª Região. Apelação Cível nº 200581000065826, 4ª Turma. Rel. Des. Federal Emiliano Zapata Leitão. Julg. 14.09.2010. Publ. 16.09.2010. Disponível em: <http://www.trf5.jus.br>).

[100] Ementa: "Constitucional e Administrativo. Servidor público. Desvio de função. Pretensão de recebimento das diferenças remuneratórias existentes entre os cargos de Agente Administrativo e Agente de Vigilância e o de Técnico da Receita Federal.

Tal decisão, entretanto, após a edição da Súmula nº 378 do STJ, restou prejudicada.

A maioria da jurisprudência analisada trata do desvio de função entre auxiliares administrativos da receita federal, que, na maioria dos casos pleiteiam a remuneração primeiramente do Auditor-Fiscal da Receita Federal e, alternativamente, de Técnico da Receita Federal.

Impossibilidade" (BRASIL. Tribunal Regional Federal da 5ª Região. Apelação Cível nº 200484000025156, 1ª Turma. Rel. Des. Federal Francisco Cavalcanti. Julg. 02.07.2009. Publ. 14.08.2009. Disponível em: <http://www.trf5.jus.br>).

3
CONCLUSÃO

Diante de todo o exposto, apresentam-se nesta conclusão, algumas possíveis soluções aos problemas apontados ao longo do parecer.

Tendo em vista a frágil definição das atribuições dos cargos da carreira da Auditoria da Receita Federal do Brasil, há necessidade de reedição da sua legislação e regulamentos de regência, visando corrigir os problemas e ilegalidades apontados para que definam com maior clareza as atribuições de cada cargo e que consiga aproximar melhor as competências da estrutura administrativa com a dos cargos.

Para que esta legislação seja editada de acordo com a necessidade do serviço e para atender o interesse público no campo da Administração Tributária, será importante a realização de estudos de fluxos de processos de trabalho, no campo da Ciência da Administração — considerando, inclusive, a questão da informatização da RFB — para estabelecer, nesta legislação, as atribuições de cada cargo.

Mantidas a legislação e os fluxos de trabalho tal como se apresentam, necessário que o Tribunal de Contas da União — nos autos dos processos citados que acompanham os casos de desvio de função — e o Ministério Público Federal sejam representados para apuração de dano ao erário. Caso seja demonstrado que a gestão de pessoas esteja causando dano ao erário, há possibilidade de propositura de ação popular.

É importante, como medida preparatória para todas as ações a serem desenvolvidas em matéria de gestão de recursos humanos, implantar mecanismos institucionais e perenes de democratização da gestão da RFB, como é o caso da implantação das mesas de negociação coletiva, que deve servir não apenas para a discussão salarial, mas também da melhoria das condições gerais de trabalho.

Conforme recente estudo coordenado pela Organização para a Cooperação e Desenvolvimento Econômico (OCDE) sobre a gestão de recursos humanos no governo federal brasileiro:

> As possibilidades de realização de reformas sustentáveis seriam reforçadas pela consolidação de um método estável e maduro de envolvimento com os sindicatos. Como o processo de negociação para as condições de trabalho está sendo desenvolvido pelo governo federal, há uma oportunidade de construir um diálogo construtivo com os sindicatos sobre o futuro do serviço público.[101]

É o parecer jurídico, s.m.j.
Belo Horizonte, 26 de outubro de 2011.

Maria Tereza Fonseca Dias
Mestre e Doutora em Direito Administrativo pela UFMG
OAB-MG nº 74.978

---

[101] ORGANIZAÇÃO DE COOPERAÇÃO E DESENVOLVIMENTO ECONÔMICOS. Avaliação da gestão de recursos humanos no governo. Relatório da OCDE: Brasil 2010 - Governo Federal. Disponível em: <http://www.sourceoecd.org/employment/9789264086098>. Acesso em: out. 2011. p. 15.

ANEXOS

COMPETÊNCIAS DO MINISTÉRIO DA FAZENDA

Decreto-Lei nº 200, de 25 de fevereiro de 1967

Art. 39. Os assuntos que constituem a área de competência de cada Ministério são, a seguir, especificados: [...]
MINISTÉRIO DA FAZENDA
I - Assuntos monetários, creditícios, financeiros e fiscais; poupança popular.
II - *Administração tributária.*
III - *Arrecadação.*
IV - Administração financeira.
V - Contabilidade e auditoria.
VI - Administração patrimonial. (Redação dada pela Lei nº 6.228, de 1975)

Lei nº 7.739, de 16 de março de 1989

Art. 3º São os seguintes os Ministérios: [...]
V - da Fazenda; [...].
Art. 4º São mantidas as competências atuais dos Órgãos da Presidência da República e dos Ministérios, com as seguintes alterações: [...]

II - passam ao Ministério da Fazenda as atividades financeiras do Sistema Financeiro da Habitação – SFH; [...].

Lei nº 10.683, de 28 de maio de 2003

Art. 25. Os Ministérios são os seguintes: [...]
XII - da Fazenda; [...].
Art. 27. Os assuntos que constituem áreas de competência de cada Ministério são os seguintes: [...]
XII - Ministério da Fazenda:
a) moeda, crédito, instituições financeiras, capitalização, poupança popular, seguros privados e previdência privada aberta;
b) política, administração, fiscalização e arrecadação tributária e aduaneira;
c) administração financeira e contabilidade públicas;
d) administração das dívidas públicas interna e externa;
e) negociações econômicas e financeiras com governos, organismos multilaterais e agências governamentais;
f) preços em geral e tarifas públicas e administradas;
g) fiscalização e controle do comércio exterior;
h) realização de estudos e pesquisas para acompanhamento da conjuntura econômica;
i) autorização, ressalvadas as competências do Conselho Monetário Nacional:
1. da distribuição gratuita de prêmios a título de propaganda quando efetuada mediante sorteio, vale-brinde, concurso ou operação assemelhada;
2. das operações de consórcio, fundo mútuo e outras formas associativas assemelhadas, que objetivem a aquisição de bens de qualquer natureza;
3. da venda ou promessa de venda de mercadorias a varejo, mediante oferta pública e com recebimento antecipado, parcial ou total, do respectivo preço;
4. da venda ou promessa de venda de direitos, inclusive cotas

de propriedade de entidades civis, tais como hospital, motel, clube, hotel, centro de recreação ou alojamento e organização de serviços de qualquer natureza com ou sem rateio de despesas de manutenção, mediante oferta pública e com pagamento antecipado do preço;

5. da venda ou promessa de venda de terrenos loteados a prestações mediante sorteio;

6. (Revogado); (Redação dada pela Lei nº 12.462, de 2011)

7. da exploração de loterias, inclusive os *Sweepstakes* e outras modalidades de loterias realizadas por entidades promotoras de corridas de cavalos; [...].

DECRETO Nº 7.482, DE 16 DE MAIO DE 2011 (ANEXO 1)

Estrutura Regimental do Ministério da Fazenda

Capítulo I – Da Natureza e Competência

Art. 1º O Ministério da Fazenda, órgão da administração federal direta, tem como área de competência os seguintes assuntos: [...]
II - *política, administração, fiscalização e arrecadação tributária federal, inclusive a destinada à previdência social, e aduaneira;* [...].

Capítulo II – Da Estrutura Organizacional

Art. 2º O Ministério da Fazenda tem a seguinte estrutura organizacional: [...]
II - órgãos específicos singulares:
b) Secretaria da Receita Federal do Brasil:
1. Subsecretaria de Arrecadação e Atendimento;
2. Subsecretaria de Tributação e Contencioso;
3. Subsecretaria de Fiscalização;
4. Subsecretaria de Aduana e Relações Internacionais; e
5. Subsecretaria de Gestão Corporativa; [...].

Capítulo III – Das Competências dos Órgãos [...]
Seção II – Dos Órgãos Específicos Singulares [...]

Art. 15. À Secretaria da Receita Federal do Brasil compete:

I - planejar, coordenar, supervisionar, *executar*, controlar e avaliar as atividades de administração tributária federal e aduaneira, inclusive as relativas às contribuições sociais destinadas ao financiamento da seguridade social e às contribuições devidas a terceiros, assim entendidas outras entidades e fundos, na forma da legislação em vigor;

II - propor medidas de aperfeiçoamento e regulamentação e a consolidação da legislação tributária federal;

III - interpretar e *aplicar* a legislação tributária, aduaneira, de custeio previdenciário e correlata, editando os atos normativos e as instruções necessárias à sua execução;

IV - estabelecer obrigações tributárias acessórias, inclusive disciplinar a entrega de declarações;

V - *preparar* e julgar, em primeira instância, processos administrativos de determinação e exigência de créditos tributários e de reconhecimento de direitos creditórios, relativos aos tributos por ela administrados;

VI - *preparar* e julgar, em instância única, processos administrativos de aplicação de pena de perdimento de mercadorias e valores e de multa a transportador de passageiros ou de carga em viagem doméstica ou internacional que transportar mercadoria sujeita à pena de perdimento;

VII - acompanhar a execução das políticas tributária e aduaneira e estudar seus efeitos sociais e econômicos;

VIII - planejar, dirigir, supervisionar, orientar, coordenar e *executar* os serviços de fiscalização, lançamento, cobrança, arrecadação e controle dos tributos e demais receitas da União sob sua administração;

IX - realizar a previsão, o acompanhamento, a análise e o controle das receitas sob sua administração, bem como coordenar

e consolidar as previsões das demais receitas federais, para subsidiar a elaboração da proposta orçamentária da União;
X - propor medidas destinadas a compatibilizar a receita a ser arrecadada com os valores previstos na programação financeira federal;
XI - estimar e quantificar a renúncia de receitas administradas e avaliar os efeitos das reduções de alíquotas, das isenções tributárias e dos incentivos ou estímulos fiscais, ressalvada a competência de outros órgãos que também tratam da matéria;
XII - promover atividades de cooperação e integração entre as administrações tributárias do País, entre o fisco e o contribuinte, e de educação fiscal, bem assim *preparar* e divulgar informações tributárias e aduaneiras;
XIII - realizar estudos para subsidiar a formulação da política tributária e estabelecer política de informações econômico-fiscais e implementar sistemática de coleta, tratamento e divulgação dessas informações;
XIV - celebrar convênios com órgãos e entidades da administração pública e entidades de direito público ou privado, para permuta de informações, racionalização de atividades, desenvolvimento de sistemas compartilhados e realização de operações conjuntas;
XV - gerir o Fundo Especial de Desenvolvimento e Aperfeiçoamento das Atividades de Fiscalização, a que se refere o Decreto-Lei nº 1.437, de 1975;
XVI - negociar e participar da implementação de acordos, tratados e convênios internacionais pertinentes à matéria tributária e aduaneira;
XVII - dirigir, supervisionar, orientar, coordenar e *executar* os serviços de administração, fiscalização e controle aduaneiros, inclusive no que diz respeito a alfandegamento de áreas e recintos;
XVIII - dirigir, supervisionar, orientar, coordenar e *executar* o controle do valor aduaneiro e de preços de transferência de mercadorias importadas ou exportadas, ressalvadas as competências do Comitê Brasileiro de Nomenclatura;

XIX - dirigir, supervisionar, orientar, coordenar e *executar* as atividades relacionadas com nomenclatura, classificação fiscal e econômica e origem de mercadorias, inclusive representando o País em reuniões internacionais sobre a matéria;
XX - planejar, coordenar e *realizar* as atividades de repressão ao contrabando, ao descaminho, à contrafação e pirataria e ao tráfico ilícito de entorpecentes e de drogas afins, e à lavagem e ocultação de bens, direitos e valores, observada a competência específica de outros órgãos;
XXI - administrar, controlar, avaliar e normatizar o Sistema Integrado de Comércio Exterior – SISCOMEX, ressalvadas as competências de outros órgãos;
XXII - articular-se com órgãos, entidades e organismos nacionais, internacionais e estrangeiros que atuem no campo econômico-tributário, econômico-previdenciário e de comércio exterior, para realização de estudos, conferências técnicas, congressos e eventos semelhantes;
XXIII - elaborar proposta de atualização do plano de custeio da seguridade social, em articulação com os demais órgãos envolvidos; e
XXIV - orientar, supervisionar e coordenar as atividades de produção e disseminação de informações estratégicas na área de sua competência, em especial as destinadas ao gerenciamento de riscos ou à utilização por órgãos e entidades participantes de operações conjuntas, visando à qualidade e fidedignidade das informações, à prevenção e ao combate às fraudes e práticas delituosas, no âmbito da administração tributária federal e aduaneira.
Art. 16. À Subsecretaria de Arrecadação e Atendimento compete planejar, coordenar e supervisionar as atividades de:
I - arrecadação, classificação de receitas, cobrança, restituição, ressarcimento, reembolso e compensação de créditos tributários;
II - supervisão da rede arrecadadora;
III - gestão dos cadastros da Receita Federal do Brasil;
IV - atendimento presencial e a distância ao contribuinte;

V - promoção da educação fiscal;
VI - supervisão do Programa do Imposto de Renda; e
VII - gestão da memória institucional da Receita Federal do Brasil.
Art. 17. À Subsecretaria de Tributação e Contencioso compete:
I - planejar, coordenar e supervisionar as atividades relativas à elaboração, modificação, regulamentação, consolidação e disseminação da legislação tributária, aduaneira e correlata;
II - *realizar* e disseminar estudos e estatísticas econômico-tributários, bem como relativos a matéria de comércio exterior;
III - efetuar a previsão e análise da arrecadação das receitas administradas e das renúncias decorrentes da concessão de benefícios de natureza tributária;
IV - acompanhar o contencioso administrativo e a jurisprudência emanada do Poder Judiciário; e
V - supervisionar as atividades das Delegacias da Receita Federal do Brasil de Julgamento.
Parágrafo único. No que se refere ao inciso II, a Subsecretaria de Tributação e Contencioso deverá executar suas atribuições em estreita colaboração com a Secretaria de Política Econômica e com a Secretaria de Acompanhamento Econômico.
Art. 18. À Subsecretaria de Fiscalização compete planejar, coordenar e supervisionar as atividades de programação, de fiscalização e de acompanhamento econômico-tributário dos maiores contribuintes.
Art. 19. À Subsecretaria de Aduana e Relações Internacionais compete:
I - planejar, coordenar e supervisionar as atividades relativas à administração aduaneira e às relações internacionais da Secretaria da Receita Federal do Brasil; e
II - gerenciar as atividades relativas às operações aéreas desenvolvidas pela Secretaria da Receita Federal do Brasil.
Art. 20. À Subsecretaria de Gestão Corporativa compete planejar, coordenar e supervisionar as atividades:

I - de orçamento, programação e execução financeira, contabilidade, convênios, licitações e contratos, administração patrimonial, gestão documental, infraestrutura, sistemas e serviços de tecnologia;
II - de gestão de pessoas, abrangendo recrutamento, capacitação, alocação, desenvolvimento e avaliação de desempenho e difusão da ética;
III - relativas às mercadorias apreendidas; e
IV - do Plano de Desenvolvimento de Tecnologia da Informação da Secretaria da Receita Federal do Brasil, garantindo a segurança e a integridade das informações.

Capítulo IV – Das Atribuições dos Dirigentes [...]
Seção III – Do Secretário da Receita Federal do Brasil

Art. 45. Ao Secretário da Receita Federal do Brasil incumbe dirigir, orientar, supervisionar, coordenar e fiscalizar as atividades das unidades que lhe são subordinadas, expedir atos normativos, administrativos de caráter genérico e exercer outras atribuições que lhe forem cometidas em regimento interno.
Parágrafo único. As atribuições e as delegações de competência anteriormente conferidas ao Secretário da Receita Federal ou ao Secretário da Receita Previdenciária, previstas em lei ou ato inferior e relativas ao exercício dos respectivos cargos, transferem-se automaticamente para o Secretário da Receita Federal do Brasil.

Seção IV – Dos Secretários

Art. 46. Aos Secretários incumbe planejar, dirigir, coordenar, orientar a execução, acompanhar e avaliar as atividades das unidades que integram suas respectivas secretarias e exercer outras atribuições que lhes forem cometidas em regimento interno.

Seção VI – Dos Demais Dirigentes

Art. 48. Ao Chefe de Gabinete do Ministro de Estado, aos Subsecretários, ao Diretor-Geral da Escola de Administração Fazendária, aos Diretores e aos demais dirigentes incumbe planejar, dirigir, coordenar e orientar a execução, acompanhar e avaliar as atividades de suas respectivas unidades e exercer outras atribuições que lhes forem cometidas, em suas respectivas áreas de competência.

Capítulo V – Das Disposições Gerais

Art. 49. Os regimentos internos definirão o detalhamento dos órgãos integrantes da Estrutura Regimental, as competências das respectivas unidades, as atribuições de seus dirigentes, a descentralização dos serviços e as áreas de jurisdição dos órgãos descentralizados.

ANEXO C

QUADRO COMPARATIVO DAS COMPETÊNCIAS DA RECEITA FEDERAL DO BRASIL

(continua)

Decreto nº 6.661, de 25 de novembro de 2008	Decreto nº 7.482, de 16 de maio de 2011
Art. 9º À Secretaria da Receita Federal do Brasil compete:	Art. 15. À Secretaria da Receita Federal do Brasil compete:
I - planejar, coordenar, supervisionar, executar, controlar e avaliar as atividades de administração tributária federal, inclusive as relativas às contribuições sociais destinadas ao financiamento da previdência social e de outras entidades e fundos, na forma da legislação em vigor;	I - planejar, coordenar, supervisionar, executar, controlar e avaliar as atividades de administração tributária federal e aduaneira, inclusive as relativas às contribuições sociais destinadas ao financiamento da seguridade social e às contribuições devidas a terceiros, assim entendidas outras entidades e fundos, na forma da legislação em vigor;
II - propor medidas de aperfeiçoamento e regulamentação e a consolidação da legislação tributária federal;	II - propor medidas de aperfeiçoamento e regulamentação e a consolidação da legislação tributária federal;
III - interpretar e aplicar a legislação tributária, aduaneira, de custeio previdenciário e correlata, editando os atos normativos e as instruções necessárias à sua execução;	III - interpretar e aplicar a legislação tributária, aduaneira, de custeio previdenciário e correlata, editando os atos normativos e as instruções necessárias à sua execução;
IV - estabelecer obrigações tributárias acessórias, inclusive disciplinar a entrega de declarações;	IV - estabelecer obrigações tributárias acessórias, inclusive disciplinar a entrega de declarações;

(continua)

Decreto nº 6.661, de 25 de novembro de 2008	Decreto nº 7.482, de 16 de maio de 2011
V - preparar e julgar, em primeira instância, processos administrativos de determinação e exigência de créditos tributários **da União**, relativos aos tributos e contribuições por ela administrados;	V - preparar e julgar, em primeira instância, processos administrativos de determinação e exigência de créditos tributários *e de reconhecimento de direitos creditórios*, relativos aos tributos por **ela** administrados [da União]; *VI - preparar e julgar, em instância única, processos administrativos de aplicação de pena de perdimento de mercadorias e valores e de multa a transportador de passageiros ou de carga em viagem doméstica ou internacional que transportar mercadoria sujeita à pena de perdimento;*
VI - acompanhar a execução das políticas tributária e aduaneira e estudar seus efeitos na economia do País;	VII - acompanhar a execução das políticas tributária e aduaneira e estudar seus efeitos *sociais* e econômicos;
VII - dirigir, supervisionar, orientar, coordenar e executar os serviços de fiscalização, lançamento, cobrança, arrecadação, *recolhimento* e controle dos tributos e contribuições e demais receitas da União, sob sua administração;	VIII - *planejar*, dirigir, supervisionar, orientar, coordenar e executar os serviços de fiscalização, lançamento, cobrança, arrecadação e controle dos tributos e demais receitas da União sob sua administração;
VIII - realizar a previsão, o acompanhamento, a análise e o controle das receitas sob sua administração, bem como coordenar e consolidar as previsões das demais receitas federais, para subsidiar a elaboração da proposta orçamentária da União;	IX - realizar a previsão, o acompanhamento, a análise e o controle das receitas sob sua administração, bem como coordenar e consolidar as previsões das demais receitas federais, para subsidiar a elaboração da proposta orçamentária da União;
IX - propor medidas destinadas a compatibilizar os valores previstos na programação financeira federal com a receita a ser arrecadada;	X - propor medidas destinadas a compatibilizar *a receita a ser arrecadada com os valores previstos* na programação financeira federal;
X - estimar e quantificar a renúncia de receitas administradas e avaliar os efeitos das reduções de alíquotas, das isenções tributárias e dos incentivos ou estímulos fiscais, ressalvada a competência de outros órgãos que também tratam desses assuntos;	XI - estimar e quantificar a renúncia de receitas administradas e avaliar os efeitos das reduções de alíquotas, das isenções tributárias e dos incentivos ou estímulos fiscais, ressalvada a competência de outros órgãos que também tratam *da matéria*;

ANEXO C
QUADRO COMPARATIVO DAS COMPETÊNCIAS DA RECEITA FEDERAL DO BRASIL | 75

(continua)

Decreto nº 6.661, de 25 de novembro de 2008	Decreto nº 7.482, de 16 de maio de 2011
XI - promover atividades de integração, entre o fisco e o contribuinte, e de educação tributária, bem assim preparar, orientar e divulgar informações tributárias;	XII - promover atividades *de cooperação e integração entre as administrações tributárias do País*, entre o fisco e o contribuinte, e de educação *fiscal*, bem assim preparar e divulgar informações tributárias *e aduaneiras*;
XII - formular e estabelecer política de informações econômico-fiscais e implementar sistemática de coleta, tratamento e divulgação dessas informações;	XIII - *realizar estudos para subsidiar a formulação da política tributária e* estabelecer política de informações econômico-fiscais e implementar sistemática de coleta, tratamento e divulgação dessas informações;
XIII - celebrar convênios com os órgãos e entidades da administração federal e entidades de direito público ou privado, para permuta de informações, racionalização de atividades e realização de operações conjuntas;	XIV - celebrar convênios com órgãos e entidades da administração pública e entidades de direito público ou privado, para permuta de informações, racionalização de atividades, *desenvolvimento de sistemas compartilhados e* realização de operações conjuntas;
XIV - gerir o Fundo Especial de Desenvolvimento e Aperfeiçoamento das Atividades de Fiscalização – FUNDAF, a que se refere o Decreto-Lei nº 1.437, de 1975;	XV - gerir o Fundo Especial de Desenvolvimento e Aperfeiçoamento das Atividades de Fiscalização, a que se refere o Decreto-Lei nº 1.437, de 1975;
XV - negociar e participar de implementação de acordos, tratados e convênios internacionais pertinentes à matéria tributária e aduaneira;	XVI - negociar e participar da implementação de acordos, tratados e convênios internacionais pertinentes à matéria tributária e aduaneira;
XVI - dirigir, supervisionar, orientar, coordenar e executar os serviços de administração, fiscalização e controle aduaneiros, inclusive no que diz respeito a alfandegamento de áreas e recintos;	XVII - dirigir, supervisionar, orientar, coordenar e executar os serviços de administração, fiscalização e controle aduaneiros, inclusive no que diz respeito a alfandegamento de áreas e recintos;
XVII - dirigir, supervisionar, orientar, coordenar e executar o controle do valor aduaneiro e de preços de transferência de mercadorias importadas ou exportadas, ressalvadas as competências do Comitê Brasileiro de Nomenclatura;	XVIII - dirigir, supervisionar, orientar, coordenar e executar o controle do valor aduaneiro e de preços de transferência de mercadorias importadas ou exportadas, ressalvadas as competências do Comitê Brasileiro de Nomenclatura;

(conclusão)

Decreto nº 6.661, de 25 de novembro de 2008	Decreto nº 7.482, de 16 de maio de 2011
XVIII - dirigir, supervisionar, orientar, coordenar e executar as atividades relacionadas com nomenclatura, classificação fiscal e origem de mercadorias, inclusive representando o País em reuniões internacionais sobre a matéria;	XIX - dirigir, supervisionar, orientar, coordenar e executar as atividades relacionadas com nomenclatura, classificação fiscal e econômica e origem de mercadorias, inclusive representando o País em reuniões internacionais sobre a matéria;
XIX - participar, observada a competência específica de outros órgãos, das atividades de repressão ao contrabando, ao descaminho e ao tráfico ilícito de entorpecentes e de drogas afins, e à lavagem de dinheiro;	XX - *planejar, coordenar e realizar* as atividades de repressão ao contrabando, ao descaminho, *à contrafação e pirataria* e ao tráfico ilícito de entorpecentes e de drogas afins, e à lavagem e *ocultação de bens, direitos e valores*, observada a competência específica de outros órgãos;
XX - administrar, controlar, avaliar e normatizar o Sistema Integrado de Comércio Exterior – SISCOMEX, ressalvadas as competências de outros órgãos;	XXI - administrar, controlar, avaliar e normatizar o Sistema Integrado de Comércio Exterior – SISCOMEX, ressalvadas as competências de outros órgãos;
XXI - articular-se com entidades e organismos internacionais e estrangeiros com atuação no campo econômico-tributário e econômico-previdenciário, para realização de estudos, conferências técnicas, congressos e eventos semelhantes;	XXII - articular-se com *órgãos*, entidades e organismos nacionais, internacionais e estrangeiros que atuem no campo econômico-tributário, econômico-previdenciário *e de comércio exterior*, para realização de estudos, conferências técnicas, congressos e eventos semelhantes;
XXII - elaborar proposta de atualização do plano de custeio da seguridade social, em articulação com os demais órgãos envolvidos; e	XXIII - elaborar proposta de atualização do plano de custeio da seguridade social, em articulação com os demais órgãos envolvidos; e
XXIII - orientar, supervisionar e coordenar as atividades de produção e disseminação de informações estratégicas na área de sua competência, destinadas ao gerenciamento de riscos ou à utilização por órgãos e entidades participantes de operações conjuntas, visando à prevenção e ao combate às fraudes e práticas delituosas, no âmbito da administração tributária federal e aduaneira.	XXIV - orientar, supervisionar e coordenar as atividades de produção e disseminação de informações estratégicas na área de sua competência, *em especial as* destinadas ao gerenciamento de riscos ou à utilização por órgãos e entidades participantes de operações conjuntas, visando *à qualidade e fidedignidade das informações*, à prevenção e ao combate às fraudes e práticas delituosas, no âmbito da administração tributária federal e aduaneira.

LEI Nº 10.593, DE 06 DE DEZEMBRO DE 2002

(Alterada pela Lei nº 11.457, de 16 de março de 2007)

Art. 6º São atribuições dos ocupantes do cargo de Auditor-Fiscal da Receita Federal do Brasil:
I - no exercício da competência da Secretaria da Receita Federal do Brasil e em caráter privativo:
a) constituir, mediante lançamento, o crédito tributário e de contribuições;
b) elaborar e proferir decisões *ou delas participar* em processo administrativo-fiscal, bem como em processos de consulta, restituição ou compensação de tributos e contribuições e de reconhecimento de benefícios fiscais;
c) executar procedimentos de fiscalização, praticando os atos definidos na legislação específica, inclusive os relacionados com o controle aduaneiro, apreensão de mercadorias, livros, documentos, materiais, equipamentos e assemelhados;
d) examinar a contabilidade de sociedades empresariais, empresários, órgãos, entidades, fundos e demais contribuintes, não se lhes aplicando as restrições previstas nos arts. 1.190 a 1.192 do Código Civil e observado o disposto no art. 1.193 do mesmo diploma legal;
e) proceder à orientação do sujeito passivo no tocante à interpretação da legislação tributária;
f) supervisionar as demais atividades de orientação ao contribuinte;

II - em caráter geral, exercer as demais atividades inerentes à competência da Secretaria da Receita Federal do Brasil.

§1º O Poder Executivo poderá cometer o exercício de atividades abrangidas pelo inciso II do *caput* deste artigo em caráter privativo ao Auditor-Fiscal da Receita Federal do Brasil.

§2º Incumbe ao Analista-Tributário da Receita Federal do Brasil, resguardadas as atribuições privativas referidas no inciso I do *caput* e no §1º deste artigo:

I - exercer atividades de *natureza técnica, acessórias ou preparatórias* ao exercício das atribuições privativas dos Auditores-Fiscais da Receita Federal do Brasil;

II - atuar no exame de matérias e processos administrativos, ressalvado o disposto na alínea b do inciso I do *caput* deste artigo;

III - exercer, em caráter geral e concorrente, as demais atividades inerentes às competências da Secretaria da Receita Federal do Brasil.

§3º Observado o disposto neste artigo, o Poder Executivo regulamentará as atribuições dos cargos de Auditor-Fiscal da Receita Federal do Brasil e Analista-Tributário da Receita Federal do Brasil.

DECRETO Nº 6.641, DE 10 DE NOVEMBRO DE 2008

Art. 2º São atribuições dos ocupantes do cargo de Auditor-Fiscal da Receita Federal do Brasil:
I - no exercício da competência da Secretaria da Receita Federal do Brasil e em caráter privativo:
a) constituir, mediante lançamento, o crédito tributário e de contribuições;
b) elaborar e proferir decisões ou delas participar em processo administrativo-fiscal, bem como em processos de consulta, restituição ou compensação de tributos e contribuições e de reconhecimento de benefícios fiscais;
c) executar procedimentos de fiscalização, praticando os atos definidos na legislação específica, inclusive os relacionados com o controle aduaneiro, apreensão de mercadorias, livros, documentos, materiais, equipamentos e assemelhados;
d) examinar a contabilidade de sociedades empresariais, empresários, órgãos, entidades, fundos e demais contribuintes, não se lhes aplicando as restrições previstas nos arts. 1.190 a 1.192 do Código Civil e observado o disposto no art. 1.193 do mesmo diploma legal;
e) proceder à orientação do sujeito passivo no tocante à interpretação da legislação tributária; e
f) supervisionar as demais atividades de orientação ao contribuinte; e

II - em caráter geral, exercer as demais atividades inerentes à competência da Secretaria da Receita Federal do Brasil.

Art. 3º Incumbe aos ocupantes dos cargos de Analista-Tributário da Receita Federal do Brasil, resguardadas as atribuições privativas referidas no inciso I do art. 2º:

I - exercer atividades de natureza técnica, acessórias ou preparatórias ao exercício das atribuições privativas dos Auditores-Fiscais da Receita Federal do Brasil;

II - atuar no exame de matérias e processos administrativos, ressalvado o disposto na alínea "b" do inciso I do art. 2º; e

III - exercer, em caráter geral e concorrente, as demais atividades inerentes às competências da Secretaria da Receita Federal do Brasil.

Art. 4º São atribuições dos ocupantes dos cargos efetivos de Auditor-Fiscal da Receita Federal do Brasil e de Analista-Tributário da Receita Federal do Brasil, em caráter geral e concorrente:

I - lavrar termo de revelia e de perempção;

II - analisar o desempenho e efetuar a previsão da arrecadação; e

III - analisar pedido de retificação de documento de arrecadação.

Art. 5º Os ocupantes dos cargos efetivos de Auditor-Fiscal da Receita Federal do Brasil e de Analista-Tributário da Receita Federal do Brasil, em caráter geral e concorrente, poderão ainda exercer *atribuições inespecíficas* da Carreira de Auditoria da Receita Federal do Brasil, desde que inerentes às competências da Secretaria da Receita Federal do Brasil, em especial:

I - executar atividades pertinentes às áreas de programação e de execução orçamentária e financeira, contabilidade, licitação e contratos, material, patrimônio, recursos humanos e serviços gerais;

II - executar atividades na área de informática, inclusive as relativas à prospecção, avaliação, internalização e disseminação de novas tecnologias e metodologias;

III - executar procedimentos que garantam a integridade, a segurança e o acesso aos dados e às informações da Secretaria da Receita Federal do Brasil;

IV - atuar nas auditorias internas das atividades dos sistemas operacionais da Secretaria da Receita Federal do Brasil; e

V - integrar comissão de processo administrativo disciplinar.

ANEXO F

QUADRO COMPARATIVO – LEGISLAÇÃO E REGULAMENTO QUE DEFINEM AS ATRIBUIÇÕES DOS CARGOS DE AUDITOR FISCAL E ANALISTA TRIBUTÁRIO DA RECEITA FEDERAL DO BRASIL

(continua)

Atribuições privativas		Atribuições concorrentes
Auditor Fiscal	**Analista Tributário**	
Constituir, mediante lançamento, o crédito tributário e de contribuições (art. 6°, I, "a", Lei n° 10.593/2002).	Exercer atividades de *natureza técnica, acessórias ou preparatórias* ao exercício das atribuições privativas dos Auditores-Fiscais da Receita Federal do Brasil (art. 6°, §2°, I, Lei n° 10.593/2002).	Exercer as *demais atividades inerentes** à competência da Secretaria da Receita Federal do Brasil. (art. 6°, II e §2°, III, Lei n° 10.593/2002) caso não tenham sido *cometidas* em caráter privativo ao Auditor-Fiscal da Receita Federal do Brasil pelo Poder Executivo (art. 6°, §1°, Lei n° 10.593/2002). * Todas as previstas nos arts 15 a 20 do Decreto n° 7.482, de 16 de maio de 2011.
Elaborar e proferir decisões *ou delas participar* em processo administrativo-fiscal, bem como em processos de consulta, restituição ou compensação de tributos e contribuições e de reconhecimento de benefícios fiscais (art. 6°, I, "b", Lei n° 10.593/2002).	Atuar no exame de matérias e processos administrativos, ressalvado o disposto na alínea b do inciso I do *caput* deste artigo (art. 6°, §2°, II, Lei n° 10.593/2002).	Lavrar termo de revelia e de perempção (art. 4°, I, do Decreto n° 6.641/2008).

(continua)

Atribuições privativas		Atribuições concorrentes
Auditor Fiscal	**Analista Tributário**	
Executar procedimentos de fiscalização, praticando os atos definidos na legislação específica, inclusive os relacionados com o controle aduaneiro, apreensão de mercadorias, livros, documentos, materiais, equipamentos e assemelhados (art. 6º, I, "c", Lei nº 10.593/2002).		Analisar o desempenho e efetuar a previsão da arrecadação (art. 4º, II, Decreto nº 6.641/2008).
Examinar a contabilidade de sociedades empresariais, empresários, órgãos, entidades, fundos e demais contribuintes, não se lhes aplicando as restrições previstas nos arts. 1.190 a 1.192 do Código Civil e observado o disposto no art. 1.193 do mesmo diploma legal (art. 6º, I, "d", Lei nº 10.593/2002).		Analisar pedido de retificação de documento de arrecadação (art. 4º, III, Decreto nº 6.641/2008).
Proceder à orientação do sujeito passivo no tocante à interpretação da legislação tributária (art. 6º, I, "e", Lei nº 10.593/2002).		Executar atividades pertinentes às áreas de programação e de execução orçamentária e financeira, contabilidade, licitação e contratos, material, patrimônio, recursos humanos e serviços gerais (art. 5º, I, Decreto nº 6.641/2008).
Supervisionar as demais atividades de orientação ao contribuinte (art. 6º, I, "f", Lei nº 10.593/2002).		Executar atividades na área de informática, inclusive as relativas à prospecção, avaliação, internalização e disseminação de novas tecnologias e metodologias (art. 5º, II, Decreto nº 6.641/2008).

(conclusão)

Atribuições privativas		Atribuições concorrentes
Auditor Fiscal	**Analista Tributário**	
Exercer as *demais atividades inerentes* à competência da Secretaria da Receita Federal do Brasil caso lhes tenham sido *cometidas* em caráter privativo pelo Poder Executivo (art. 6º, §1º, Lei nº 10.593/2002).		Executar procedimentos que garantam a integridade, a segurança e o acesso aos dados e às informações da Secretaria da Receita Federal do Brasil (art. 5º, III, Decreto nº 6.641/2008).
		Atuar nas auditorias internas das atividades dos sistemas operacionais da Secretaria da Receita Federal do Brasil (art. 5º, IV, Decreto nº 6.641/2008).
		Integrar comissão de processo administrativo disciplinar (art. 5º, V, Decreto nº 6.641/2008).

LEGISLAÇÃO COMPLETA APLICÁVEL

Lei nº 10.593, de 06 de dezembro de 2002

Dispõe sobre a reestruturação da Carreira Auditoria do Tesouro Nacional, que passa a denominar-se Carreira Auditoria da Receita Federal - ARF, e sobre a organização da Carreira Auditoria-Fiscal da Previdência Social e da Carreira Auditoria-Fiscal do Trabalho, e dá outras providências.

Faço saber que o Congresso Nacional decretou, o PRESIDENTE DA REPÚBLICA, nos termos dos §3º do art. 66 da Constituição sancionou, e eu, Ramez Tebet, Presidente do Senado Federal, nos termos do §7º do mesmo artigo, promulgo a seguinte:

Art. 1º Esta Lei dispõe sobre a reestruturação da Carreira Auditoria do Tesouro Nacional, de que trata o Decreto-Lei nº 2.225, de 10 de janeiro de 1985, que passa a denominar-se Carreira Auditoria da Receita Federal - ARF, e sobre a organização da Carreira Auditoria-Fiscal da Previdência Social e da Carreira Auditoria-Fiscal do Trabalho. (Vide Medida Provisória nº 258, de 2005)

Art. 2º (Revogado pela Lei nº 10.910, de 2004)

Art. 3º O ingresso nos cargos das Carreiras disciplinadas nesta Lei far-se-á no primeiro padrão da classe inicial da respectiva tabela de vencimentos, mediante concurso público de provas ou de provas e títulos, exigindo-se curso superior em nível de graduação concluído ou habilitação legal equivalente. (Redação dada pela Lei nº 11.457, de 2007) (Vigência)

§1º O concurso referido no *caput* poderá ser realizado por áreas de especialização.

§2º Para investidura no cargo de Auditor-Fiscal do Trabalho, nas áreas de especialização em segurança e medicina do trabalho, será exigida a comprovação da respectiva capacitação profissional, em nível de pós-graduação, oficialmente reconhecida.

§3º Sem prejuízo dos requisitos estabelecidos neste artigo, o ingresso nos cargos de que trata o *caput* deste artigo depende da inexistência de: (Incluído pela Lei nº 11.457, de 2007) (Vigência)
I - registro de antecedentes criminais decorrentes de decisão condenatória transitada em julgado de crime cuja descrição envolva a prática de ato de improbidade administrativa ou incompatível com a idoneidade exigida para o exercício do cargo;
II - punição em processo disciplinar por ato de improbidade administrativa mediante decisão de que não caiba recurso hierárquico.

Art. 4º O desenvolvimento do servidor nas carreiras de que trata esta Lei ocorrerá mediante progressão funcional e promoção.

§1º Para os fins desta Lei, progressão funcional é a passagem do servidor para o padrão de vencimento imediatamente superior dentro de uma mesma classe, e promoção, a passagem do servidor do último padrão de uma classe para o primeiro da classe imediatamente superior.

§2º A progressão funcional e a promoção observarão requisitos e condições fixados em regulamento.

§3º O servidor em estágio probatório será objeto de avaliação específica, sem prejuízo da progressão funcional durante o período, observados o interstício mínimo de 12 (doze) e máximo de 18 (dezoito) meses em cada padrão e o resultado de avaliação de desempenho efetuada para esta finalidade, na forma do regulamento. (Redação dada pela Lei nº 11.457, de 2007)

Carreira de Auditoria da Receita Federal do Brasil
(Redação dada pela Lei nº 11.457, de 2007)

Art. 5º Fica criada a Carreira de Auditoria da Receita Federal do Brasil, composta pelos cargos de nível superior de Auditor-Fiscal da Receita Federal do Brasil e de Analista-Tributário da Receita Federal do Brasil. (Redação dada pela Lei nº 11.457, de 2007)

Art. 6º São atribuições dos ocupantes do cargo de Auditor-Fiscal da Receita Federal do Brasil: (Redação dada pela Lei nº 11.457, de 2007)

I - no exercício da competência da Secretaria da Receita Federal do Brasil e em caráter privativo: (Redação dada pela Lei nº 11.457, de 2007)

a) constituir, mediante lançamento, o crédito tributário e de contribuições; (Redação dada pela Lei nº 11.457, de 2007)

b) elaborar e proferir decisões ou delas participar em processo administrativo-fiscal, bem como em processos de consulta, restituição ou compensação de tributos e contribuições e de reconhecimento de benefícios fiscais; (Redação dada pela Lei nº 11.457, de 2007)

c) executar procedimentos de fiscalização, praticando os atos definidos na legislação específica, inclusive os relacionados com o controle aduaneiro, apreensão de mercadorias, livros, documentos, materiais, equipamentos e assemelhados; (Redação dada pela Lei nº 11.457, de 2007)

d) examinar a contabilidade de sociedades empresariais, empresários, órgãos, entidades, fundos e demais contribuintes, não se lhes aplicando as restrições previstas nos arts. 1.190 a 1.192 do Código Civil e observado o disposto no art. 1.193 do mesmo diploma legal; (Redação dada pela Lei nº 11.457, de 2007)

e) proceder à orientação do sujeito passivo no tocante à interpretação da legislação tributária; (Redação dada pela Lei nº 11.457, de 2007)

f) supervisionar as demais atividades de orientação ao contribuinte; (Incluída pela Lei nº 11.457, de 2007)

II - em caráter geral, exercer as demais atividades inerentes à competência da Secretaria da Receita Federal do Brasil. (Redação dada pela Lei nº 11.457, de 2007)

§1º O Poder Executivo poderá cometer o exercício de atividades abrangidas pelo inciso II do *caput* deste artigo em caráter privativo ao Auditor-Fiscal da Receita Federal do Brasil. (Redação dada pela Lei nº 11.457, de 2007)

§2º Incumbe ao Analista-Tributário da Receita Federal do Brasil, resguardadas as atribuições privativas referidas no inciso I do *caput* e no §1º deste artigo: (Redação dada pela Lei nº 11.457, de 2007)

I - exercer atividades de natureza técnica, acessórias ou preparatórias ao exercício das atribuições privativas dos Auditores-Fiscais da Receita Federal do Brasil; (Incluído pela Lei nº 11.457, de 2007)

II - atuar no exame de matérias e processos administrativos, ressalvado o disposto na alínea b do inciso I do *caput* deste artigo; (Incluído pela Lei nº 11.457, de 2007)

III - exercer, em caráter geral e concorrente, as demais atividades inerentes às competências da Secretaria da Receita Federal do Brasil. (Incluído pela Lei nº 11.457, de 2007)

§3º Observado o disposto neste artigo, o Poder Executivo regulamentará as atribuições dos cargos de Auditor-Fiscal da Receita Federal do Brasil e Analista-Tributário da Receita Federal do Brasil. (Redação dada pela Lei nº 11.457, de 2007)

§4º (Vetado) (Incluído pela Lei nº 11.457, de 2007)

Art. 7º (Revogado pela Lei nº 11.890, de 2008)

Art. 8º (Revogado pela Lei nº 11.890, de 2008)

Art. 9º A Carreira Auditoria-Fiscal do Trabalho será composta de cargos de Auditor-Fiscal do Trabalho.

§1º É de 40 (quarenta) horas semanais a jornada de trabalho dos integrantes da Carreira Auditoria-Fiscal do Trabalho, não se lhes

aplicando a jornada de trabalho a que se refere o art. 1º, *caput* e §2º, da Lei nº 9.436, de 5 de fevereiro de 1997, e não mais se admitindo a percepção de 2 (dois) vencimentos básicos
§2º Os atuais ocupantes do cargo de Médico do Trabalho que optarem por permanecer na situação atual deverão fazê-lo, de forma irretratável, até 30 de setembro de 1999, ficando, neste caso, em quadro em extinção.
Art. 10. São transformados em cargo de Auditor-Fiscal do Trabalho, na Carreira Auditoria-Fiscal do Trabalho, os seguintes cargos efetivos do quadro permanente do Ministério do Trabalho e Emprego:
I - Fiscal do Trabalho;
II - Assistente Social, encarregado da fiscalização do trabalho da mulher e do menor;
III - Engenheiros e Arquitetos, com a especialização prevista na Lei nº 7.410, de 27 de novembro de 1985, encarregados da fiscalização da segurança no trabalho;
IV - Médico do Trabalho, encarregado da fiscalização das condições de salubridade do ambiente do trabalho.
Art. 11. Os ocupantes do cargo de Auditor-Fiscal do Trabalho têm por atribuições assegurar, em todo o território nacional:
I - o cumprimento de disposições legais e regulamentares, inclusive as relacionadas à segurança e à medicina do trabalho, no âmbito das relações de trabalho e de emprego;
II - a verificação dos registros em Carteira de Trabalho e Previdência Social - CTPS, visando a redução dos índices de informalidade;
III - a verificação do recolhimento do Fundo de Garantia do Tempo de Serviço - FGTS, objetivando maximizar os índices de arrecadação;
IV - o cumprimento de acordos, convenções e contratos coletivos de trabalho celebrados entre empregados e empregadores;
V - o respeito aos acordos, tratados e convenções internacionais dos quais o Brasil seja signatário;

VI - a lavratura de auto de apreensão e guarda de documentos, materiais, livros e assemelhados, para verificação da existência de fraude e irregularidades, bem como o exame da contabilidade das empresas, não se lhes aplicando o disposto nos arts. 17 e 18 do Código Comercial.

Parágrafo único. O Poder Executivo regulamentará as atribuições privativas previstas neste artigo, podendo cometer aos ocupantes do cargo de Auditor-Fiscal do Trabalho outras atribuições, desde que compatíveis com atividades de auditoria e fiscalização.

Remuneração das carreiras vigente a partir de 30 de junho de 1999

Art. 12. Fica extinta a Retribuição Adicional Variável de que trata o art. 5º da Lei nº 7.711, de 22 de dezembro de 1988, devida aos ocupantes dos cargos da Carreira Auditoria do Tesouro Nacional.

Art. 13. Os integrantes da Carreira Auditoria-Fiscal da Previdência Social e da Carreira Auditoria-Fiscal do Trabalho não fazem jus à percepção da Gratificação de Estímulo à Fiscalização e Arrecadação – GEFA, criada pelo Decreto-Lei nº 2.371, de 18 de novembro de 1987.

Art. 14. Os integrantes das Carreiras de que trata esta Lei não fazem jus à percepção da Gratificação de Atividade de que trata a Lei Delegada nº 13, de 27 de agosto de 1992.

Art. 15. (Revogado pela Lei nº 10.910, de 2004)

Art. 16. (Revogado pela Lei nº 10.910, de 2004)

Art. 17. Os ocupantes dos cargos de Auditor-Fiscal do Tesouro Nacional e de Técnico do Tesouro Nacional são transpostos, a partir de 1º de julho de 1999, na forma dos Anexos V e VI.

§1º Os ocupantes dos cargos de Fiscal de Contribuições Previdenciárias; Fiscal do Trabalho; Assistente Social, encarregados da fiscalização do trabalho da mulher e do menor; Engenheiro, encarregados da fiscalização da segurança no trabalho; e Médico do Trabalho, encarregados da fiscalização das condições de salubridade do ambiente do trabalho, são transpostos, a partir de 1º de agosto de 1999, na forma do Anexo V.

§2º Os ocupantes do cargo de Arquiteto, encarregados da fiscalização da segurança no trabalho, são transpostos, a partir de 1º de setembro de 2001, na forma do Anexo V.

§3º Constatada a redução de remuneração decorrente da transposição de que trata este artigo, a diferença será paga a título de vantagem pessoal nominalmente identificada, a ser absorvida por ocasião do desenvolvimento na Carreira.

Art. 18. O ingresso nos cargos de Auditor-Fiscal da Receita Federal, Auditor-Fiscal da Previdência Social e Auditor-Fiscal do Trabalho dos aprovados em concurso, cujo edital tenha sido publicado até 30 de junho de 1999, dar-se-á, excepcionalmente, na classe A, padrão V.

Art. 19. Aplicam-se as disposições desta Lei a aposentadorias e pensões.

Parágrafo único. Constatada a redução de proventos ou pensão decorrente da aplicação do disposto nesta Lei, a diferença será paga a título de vantagem pessoal nominalmente identificada.

Art. 20. O regime jurídico das Carreiras a que se refere esta Lei é exclusivamente o da Lei nº 8.112, de 11 de dezembro de 1990.

Remuneração das Carreiras Vigente a Partir de 1º de Junho de 2002

Art. 20-A. O Poder Executivo regulamentará a forma de transferência de informações entre a Secretaria da Receita Federal do Brasil e a Secretaria de Inspeção do Trabalho para o desenvolvimento coordenado das atribuições a que se referem os arts. 6º e 11 desta Lei. (Incluído pela Lei nº 11.457, de 2007) (Vigência)

Art. 21. (Revogado pela medida provisória nº 440, de 2008)

Art. 22. (Revogado pela Lei nº 10.910, de 2004)

Disposições finais

Art. 23. Ficam convalidados os atos praticados com base nas Medidas Provisórias nºs 2.175-29, de 24 de agosto de 2001, e 46, de 25 de junho de 2002.

Art. 24. Esta Lei entra em vigor na data de sua publicação.

Art. 25. Ficam revogados o art. 5º da Lei nº 7.711, de 22 de dezembro de 1988, o parágrafo único do art. 1º da Lei nº 8.448, de 21 de julho de 1992, e nos termos do art. 2º da Emenda Constitucional nº 32, de 11 de setembro de 2001, a Medida Provisória nº 2.175-29, de 24 de agosto de 2001.

Senado Federal, em 06 de dezembro de 2002.

Decreto nº 6.641, de 10 de novembro de 2008

> Regulamenta as atribuições da Carreira de Auditoria da Receita Federal do Brasil, composta pelos cargos de nível superior de Auditor-Fiscal da Receita Federal do Brasil e de Analista-Tributário da Receita Federal do Brasil, conforme previsão contida no §3º do art. 6º da Lei nº 10.593, de 6 de dezembro de 2002.

O VICE-PRESIDENTE DA REPÚBLICA, no exercício do cargo de Presidente da República, usando da atribuição que lhe confere o art. 84, inciso IV, da Constituição, e tendo em vista o disposto no §3º do art. 6º da Lei nº 10.593, de 6 de dezembro de 2002,
DECRETA:

Art. 1º Ficam estabelecidas, na forma deste Decreto, as atribuições da Carreira de Auditoria da Receita Federal do Brasil, composta pelos cargos de nível superior de Auditor-Fiscal da Receita Federal do Brasil e de Analista-Tributário da Receita Federal do Brasil.

Parágrafo único. O Secretário da Receita Federal do Brasil poderá dispor sobre o detalhamento das atribuições dos cargos de que trata o *caput*.

Art. 2º São atribuições dos ocupantes do cargo de Auditor-Fiscal da Receita Federal do Brasil:

I - no exercício da competência da Secretaria da Receita Federal do Brasil e em caráter privativo:

a) constituir, mediante lançamento, o crédito tributário e de contribuições;

b) elaborar e proferir decisões ou delas participar em processo administrativo-fiscal, bem como em processos de consulta, restituição ou compensação de tributos e contribuições e de reconhecimento de benefícios fiscais;

c) executar procedimentos de fiscalização, praticando os atos definidos na legislação específica, inclusive os relacionados com o controle aduaneiro, apreensão de mercadorias, livros, documentos, materiais, equipamentos e assemelhados;
d) examinar a contabilidade de sociedades empresariais, empresários, órgãos, entidades, fundos e demais contribuintes, não se lhes aplicando as restrições previstas nos arts. 1.190 a 1,192 do Código Civil e observado o disposto no art. 1.193 do mesmo diploma legal;
e) proceder à orientação do sujeito passivo no tocante à interpretação da legislação tributária; e
f) supervisionar as demais atividades de orientação ao contribuinte; e
II - em caráter geral, exercer as demais atividades inerentes à competência da Secretaria da Receita Federal do Brasil.
Art. 3º Incumbe aos ocupantes dos cargos de Analista-Tributário da Receita Federal do Brasil, resguardadas as atribuições privativas referidas no inciso I do art. 2º:
I - exercer atividades de natureza técnica, acessórias ou preparatórias ao exercício das atribuições privativas dos Auditores-Fiscais da Receita Federal do Brasil;
II - atuar no exame de matérias e processos administrativos, ressalvado o disposto na alínea "b" do inciso I do art. 2º; e
III - exercer, em caráter geral e concorrente, as demais atividades inerentes às competências da Secretaria da Receita Federal do Brasil.
Art. 4º São atribuições dos ocupantes dos cargos efetivos de Auditor-Fiscal da Receita Federal do Brasil e de Analista-Tributário da Receita Federal do Brasil, em caráter geral e concorrente:
I - lavrar termo de revelia e de perempção;
II - analisar o desempenho e efetuar a previsão da arrecadação; e
III - analisar pedido de retificação de documento de arrecadação.
Art. 5º Os ocupantes dos cargos efetivos de Auditor-Fiscal da Receita Federal do Brasil e de Analista-Tributário da Receita

Federal do Brasil, em caráter geral e concorrente, poderão ainda exercer atribuições inespecíficas da Carreira de Auditoria da Receita Federal do Brasil, desde que inerentes às competências da Secretaria da Receita Federal do Brasil, em especial:

I - executar atividades pertinentes às áreas de programação e de execução orçamentária e financeira, contabilidade, licitação e contratos, material, patrimônio, recursos humanos e serviços gerais;

II - executar atividades na área de informática, inclusive as relativas à prospecção, avaliação, internalização e disseminação de novas tecnologias e metodologias;

III - executar procedimentos que garantam a integridade, a segurança e o acesso aos dados e às informações da Secretaria da Receita Federal do Brasil;

IV - atuar nas auditorias internas das atividades dos sistemas operacionais da Secretaria da Receita Federal do Brasil; e

V - integrar comissão de processo administrativo disciplinar.

Art. 6º Este Decreto entra em vigor na data de sua publicação.

Art. 7º Fica revogado o Decreto nº 3.611, de 27 de setembro de 2000.

Brasília, 10 de novembro de 2008.

Esta obra foi composta em fonte Palatino Linotype, corpo 11
e impressa em papel Offset 75g (miolo) e Supremo 250g (capa)
pela Paulinelli Serviços Gráficos.
Belo Horizonte/MG, setembro de 2013.